丹阳教育家研究丛书

马相伯教育奖励促进会 ■ 编著

为人类之灵光

——丹阳五大教育家语录

苏州大学出版社
Soochow University Press

图书在版编目(CIP)数据

为人类之灵光：丹阳五大教育家语录 / 马相伯教育奖励促进会编著. —苏州：苏州大学出版社,2016.7
（丹阳教育家研究丛书）
ISBN 978-7-5672-1563-4

Ⅰ.①为… Ⅱ.①马… Ⅲ.①教育家－语录－汇编－丹阳市 Ⅳ.①K825.46

中国版本图书馆 CIP 数据核字(2016)第 156749 号

为人类之灵光
——丹阳五大教育家语录

马相伯教育奖励促进会　编著

责任编辑　方　圆

苏州大学出版社出版发行
（地址：苏州市十梓街1号　邮编：215006）
镇江中山印务有限公司印装
（地址：丹阳市朝阳路1—3号　邮编：212309）

开本 700 mm×1 000 mm　1/16　印张 10.5　字数 110 千
2016 年 7 月第 1 版　2016 年 7 月第 1 次印刷
ISBN 978-7-5672-1563-4　定价：30.00 元

苏州大学版图书若有印装错误，本社负责调换
苏州大学出版社营销部　电话：0512-65225020
苏州大学出版社网址　http://www.sudapress.com

丹阳教育家研究丛书
编委会

编　委　　成尚荣　李　霖　石文辉
　　　　　陈留庚　戎年中　邹立忠
　　　　　诸华平　赵辛辰　蔡建良
　　　　　王国胜

统　稿　　笪红梅　董洪宝　张东明
　　　　　唐志辉

为人类之灵光(序一)

成尚荣

写序,是要看资格的,这是规矩。为教育家研究成果写序,更要讲资格。显然,为丹阳五大教育家的言论集、故事集写序,我是完全不够格的。丹阳五大教育家是教师的典范和楷模,是中国的教育家,是载入中国教育史的大师、大家,是永远值得我们学习与追随的。于是,我把写序当作一种学习和传承教育家精神与思想的责任和使命。

马相伯、吕凤子、吕叔湘、匡亚明、戴伯韬,丹阳诞生的教育家,给丹阳,给江苏,给中国教育,留下了非常丰厚的遗产。他们的思想、理念博大精深,在中国教育史上写下了一页页光辉的篇章。丹阳"马相伯教育奖励促进会"在教育局的领导下,在学校的大力支持和通力合作下,或编或著的这几本书,本身就是五大教育家精神与思想的聚焦与凝练,闪烁着耀目的光辉。编者、著者把教育家的精神与思想集中在书名上——"为人类之灵光""直与青云齐""开示门径"。"为人类之灵光",体现他们崇高的理想、伟大的抱负、宽阔的胸怀、高尚的心灵,闪烁着为民族、为祖国、为人类奉献的核心价值观,给我们以无限的正能量。为人类之灵光,其教育家本人就闪烁着人类之灵光。当灵光与灵光相遇的时候,才会有教育、有民族、有人类灵光的迸发、示现。"直与青云齐",闪烁着的是中华优秀传统的文化之光,是教育家修己、立人、至善的至高境界。修身、齐家、治国、平天下,做人之根本,"古之欲明明德于天下者,先治其国;欲治其国者,先齐其家;欲齐其家者,先修其身;欲修其身者,先正其心;欲正其心者,先诚其意……"从修己到立人,从立人到至善,这是立己达人的路径,给我们为人的使命与智慧,何其辽阔宏大,又何其细致入微。"开示门径",闪烁着教育改革与发展实践的智慧之光,打开大门,复

又打开,不断走向开放。只有开门,才能看到更美丽的风景和更美好的未来。但是,开门为的是寻找前行的路径,发现教育研究与实验的规律,而此"门"须向自己示明路径,须向大家示明路径,唯有如此,大家才能共同前进。

今天,我们读着他们的话语、故事,教育家不正在与我们对话,为我们开示门径吗?我们看到了吗?体悟到了吗?明晓了吗?

"要把中国唤醒""正则""立定脚跟处世,放开眼孔读书""人学与做人""科学的教育与教育的科学",分别是五位教育家的思想精粹,它们给我们以人生的深切感悟和教育变革的真切启迪。"要把中国唤醒",在今天就是要确立中国梦,首先要把自己的灵魂唤醒,把社会良知唤醒,把民族自尊、自信唤醒。"正则",为人之正气,为人之规范,如今的学校亟需正则,正则成了学校之标识、文化之符号,继而转化为师生员工的精神面貌和行动指南。"立定脚跟处世,放开眼孔读书",将读书与处世自然地联系起来。"立定脚跟处世"是读书目的,是价值定位;"放开眼孔读书"才明白如何做人,如何处世,如何为社会做贡献。"人学与做人",从另一个角度深度提炼了教育与做人的关系。教育是关于人的学问,教育学是人学,是未来的伦理学,是教人学会做人的学问,不仅教学生学会做人,并且教自己学会做人。所以,教育不以人为中心,不以人为本,怎么可能是真正的教育呢?"科学的教育与教育的科学",则是强调教育的科学性,强调教育的专业性,强调遵循与把握教育规律。

读了五大教育家,我深受启迪。同时又生发进一步的思考:丹阳为什么会出五大教育家?一个县级市,竟然先后涌现五位教育家,这成为"丹阳现象"。丹阳现象不仅是教育现象,更是文化现象。丹阳是块神奇的土地,在这块文化的土壤中深藏着许多文化密码。今天是揭开这些文化密码的时候了,让文化密码进入教育,进入课程、教材、教学,进入校园生活,镌刻进学生的文化基因,成长为学生的文化基质。我们不是要求现在的学生都成为教育家,这是不可能的,也是没必要的,而是用教育家的精神与思想培育今天的教师和学生,让丹阳的校长像教育家那样去创校办学,丹阳的教师像教育家那样去教书育人。丹阳之所以设立这么一个重大课题来研究,旨在薪火相传,创造更辉煌的丹阳教育。

  丹阳教育局自觉地肩负起这样的使命,他们充溢着理想的激情。课题研究已取得长足的进步,成果很多。第三本书《开示门径》就是研究成果集,我们很是为之高兴。其实,丹阳教育家一直在成长,名师不断在涌现。如大家熟知的江苏教育厅的"二袁",袁金华、袁云亭,还有在全国小学语文界产生重要影响的孙双金等。问题是我们还没有深入剖析,准确把握其中的奥秘。其实,教育家不是催生出来的,而是自然生长起来的。我们不能心急,但一定要积极;我们不能刻意去追求,但一定要刻苦努力。丹阳关于本土教育家的研究以及这批研究成果,正是要营造独特的文化氛围,为校长、教师搭建一个高平台。我们坚信,丹阳会承前启后,会涌现更多的优秀教师、名师,还会诞生更多的教育家。

  这就是我的读后感,权作序吧。其最为核心的意思是:这是我阅读教育家的开始。我愿意继续读下去,为人类之灵光。

(成尚荣,2003—2006届国家督学,原江苏省教科所所长,教育部基础教育课程改革专家工作委员会委员)

开示门径（序二）

韦立忠

时代,呼唤教育家办学。那么,教育家在哪里呢？丹阳本土有没有教育家？前辈教育家是怎样办学的？为什么如此这般地办学呢？他们精彩的教育人生究竟是如何成就的？受此启示,面对当前的教育形势,当代教育人应如何突围,该坚守什么,要怎样创新,响亮回应"教育家办学"的时代呼唤呢？

怀着这样的憧憬,带着这样的追求,丹阳"马相伯教育奖励促进会"以《丹阳教育家教育思想实践与发展研究》课题为抓手,带领一班有志于此的同志,以最虔诚、最朴实的笔触,采用"照着说"和"接着说"的逻辑方式,努力展现前辈教育家的风采,不断呈现教书育人的规律,不断解答时代的命题。我们高兴地看到继《与太阳的对话》之后,"丹阳教育家研究丛书"又逐步丰厚,这就是《为人类之灵光》《直与青云齐》《开示门径》三本书的加入。

"丹阳教育家研究丛书"的研究对象目前主要包括马相伯、吕凤子、吕叔湘、匡亚明、戴伯韬五位丹阳籍教育家。这些教育家是国内外公认的著名教育大家,他们属于中国,更属于丹阳,他们与丹阳教育有着千丝万缕、血浓于水的关系；他们值得我们敬仰、面对与聆听,值得我们思考、继承与发展。

作为丛书的单本,三本书各有叙述的侧重。

教育家的意义在于启蒙。《为人类之光》收集的是丹阳本土教育家的经典语录,并赋予当下时代的解读与注脚。风尘散去,穿越时空,当历史的音声再度响起,我们触摸到历史的温度,感受到大师的情怀,体认到教育家的思想,不由地产生聆听的渴望、参与对话的冲动和追随的自

觉——立身、立功、立言,"要把中国唤醒!"

教育家的价值在于垂范。《直与青云齐》讲述的是前辈教育家的生平故事,正是这些朴实无华的小故事,展现了教育家的人生风貌、思想历程、成长足迹;正是在这些生动凝练的文字里,我们前辈教育家的人生形象愈加丰满:既崇高伟岸,又如沐春风,仰之弥高,钻之弥坚;正是通过这些生活故事的品读与传颂,我们充分理解和十分向往前辈教育家身体力行的非凡人生。

最好的继承是发展。《开示门径》记录的是研究者追随大师的点滴足迹,展现的是当代丹阳教育者继承大师精神,成就大师未竟事业的不懈努力。办学愿景的描绘,办园文化的凝练,校本课程的开发,教学行为的变革,教育意义的重构,专业发展的路径,如此等等,无不体现着对前辈教育家精神思想的传承,无不体现着解决现实教育问题的创新,满满的正能量!自由的新路径!

捧着这套"丹阳教育家研究丛书",心情澎湃,为丹阳教育的丰厚底蕴而自豪,为现代教育的历史担当而自醒。公平效率,优质均衡,一路走来,丹阳教育取得了令人瞩目的成就,形成了"以本土教育家思想引领教师专业发展,以活力课堂提升教育生态质量,以多元发展理念成就学校内涵创新发展"的丹阳教育发展经验。展望未来,我们也面临许多机遇和挑战,高位运行的丹阳教育要突破发展瓶颈,要激发活力,要修炼定力,要积聚实力,依靠什么?依靠教育家办学!

教育是对未来的定义,历史是对过去的钩沉。丹阳教育家研究丛书,是对前辈教育家的追忆,更是对当代教育的献礼,为依靠教育家办学开示门径。

开示门径,人人都可以成为教育家。何谓教育家?教育家不是一种荣誉,而是一种高贵的人格,一面思想的旗帜,一种对教育实践"开示门径"的影响力。丹阳五大教育家有血有肉有情感,如同我们一样,都是活生生的平凡人,却又有思想有胆魄有灵魂,有着我们向往却还没有企及的精神境界。人人都可以成为教育家,其实是在说,我们都可以通过修身养性、尊异成异、尊己成己,以大师为榜样,塑造我们的人格,做一个高贵的脱离低级趣味的人；我们都可以通过信仰、思辨、阅读、写作，构建我们自己的哲学观、思想价值体系，从教育思想发展的长河里汲取营养，并注入我们思想的新鲜活水；我们都可以在行动中研究，在研究中行动，在教育教学的实际过程中，运用教育思想的力量，弘扬大师的精神魅力，为学生的成长、学校的发展、教育的进步施加我们绵薄而不可或缺的专业影响！人人都可以成为教育家，其实是在说，我们需要仰望星空，我们更要脚踏实地、勇往直前，因为，如果站得足够高，我们会发现，我们脚下的大地，原本是星空的一部分！

　　开示门径，我们要像教育家那样办学。教育家是怎样办学的？丹阳教育家思想研究指导者、江苏教科院研究员、教育家研究专家孙孔懿先生在《论教育家》一书中做了精辟概括：以追问揭示本质，以怀疑催动创新，以幻想召唤现实，以结论指导实践。我们要悦纳教育的日常，但拒绝职业的平庸；我们要勾画学生成长的图景，更要探究教育的规律；我们要稳定日常管理的秩序，更需要建立体现发展特色的学校章程。像教育家那样办学，我们都是信仰者，梦想者；我们都是学习者，思想者；我们都是行动者，创造者！如此，我们的梦想就能成真，我们的目标终将达成：丹阳教育的园地里，学生积极向上的生长力，教师基于专业的影响力，校长价值重塑的领导力，共同构建我们真、善、美的成长乐园与精神领地。

　　到那时，也许有人会问，是丹阳教育孕育了教育家，还是教育家缔造了丹阳教育？我们不妨反问：陶工与陶壶，谁正在被创造？

　　阅读，是一种解读，我们深知，这种解读还会被再解读；写作，是一种创作，我们深知，这种创作还将继续；实践，是一种成长，我们深知，唯有亲近学生才可以焕发教育生命。"开示门径"，我们要在大师的感召下，触摸教育灵魂，践行教育真谛，书写现代教育新的篇章，与大师遥相呼应——居身不使白玉玷，立志直与青云齐！

　　　　　　　　　　　　（韦立忠，丹阳市教育局党委书记、局长）

目 录

一、马相伯语录 / 1
 （一）人生观 / 1
 （二）教育观 / 6
 （三）教学观 / 11
 （四）教师观 / 12
 （五）学生观 / 15

二、吕凤子语录 / 20
 （一）人生观 / 20
 （二）艺术观 / 34
 （三）教育观 / 37
 （四）教学观 / 49
 （五）教师观 / 62
 （六）学生观 / 64

三、吕叔湘语录 / 66
 （一）教育观 / 66
 （二）教学观 / 72
 （三）语文教学观 / 77
 （四）学习观 / 86

四、匡亚明语录 / 91
（一）人生观 / 91
（二）教育观 / 99
（三）课程观 / 105
（四）教学观 / 108
（五）教师观 / 114
（六）学生观 / 119

五、戴伯韬语录 / 122
（一）教育观 / 122
（二）课程观 / 131
（三）教学观 / 134
（四）教师观 / 138
（五）学生观 / 142

参考文献 / 146

立志直与青云齐（后记） / 148

一、马相伯语录

教育家马相伯

（一）人生观

我是一条狗，只会叫。叫了一百年，还没有把中国叫醒。

——摘自李天纲《信仰与传统——马相伯的宗教生涯》，见朱维铮主编《马相伯集》(1996年版)

解读：马相伯在生命的最后几年常常说这句话。他百年呐喊，一心想把中国唤醒，最终却没能实现。一个浮沉于近代中国百年离乱、三朝更替中的风云人物，此话无疑充满了对中华民族命运的关切和对生活时代的失望。

然而进一步想,他是一个出入于中西文化和宗教,晚年又息影教会的虔诚天主教徒,此话又平添了几分对人生、社会的无奈和悲怆,含着以教拯世而不得其行的宗教底蕴。

国家兴亡,匹夫有责,杀一不义,虽得天下,文武不为。

——摘自马相伯书信《致冯玉祥》,见朱维铮主编《马相伯集》(1996年版)

解读:1936年11月22日,沈钧儒等"全国各界救国联合会"七位负责人("七君子")被国民党政府逮捕。马相伯得知后,奔走营救,并写信给时任南京国民政府副委员长的冯玉祥,说这七个人"血性爱国,人人钦仰",如果杀害他们其中任何一个,都是不义的行为,即使赢得天下,也会被天下人所不齿。

居身不使白玉玷,立志直与青云齐。

——题联,见复旦大学党委宣传部"纪念马相伯先生诞辰170周年"系列图片展

须知民国之民,其自身贵自治,贵自立,贵自由。惟自治而后能自立,惟自立而后能享用其七大自由权。

——摘自《民国民照心镜》,见朱维铮主编《马相伯集》(1996年版)

大丈夫不淫、不移、不屈,有所志故耳。志於道,志於率,性耳。志於率性、志於率天耳。

——摘自《家书选辑》,见朱维铮主编《马相伯集》(1996年版)

……先修己,再立人,而追求"至善","壹是皆以修身为本",实行不断努力求进步……国民成为彬彬有修养的人,然后大众促进国家日臻文明……申言之,文明古国,要有"世受国恩,义同休戚"的国民,不计算那什么古物,更不是靠那"暴发户"!譬如:珊瑚岛的成功,是由无数珊瑚日积月累的!文化增进,循此正轨必由之路的发轫点,正在我们青年,承继文化遗业,再往上增进的!

——摘自《宗教与文化》,见朱维铮主编《马相伯集》(1996年版)

自由者,今日欲左则左之,明日欲右则右之。而自主则不然,有坚忍不拔之气,强力不返之志,旦而矢之,则万变不离。所谓三军之帅可夺,而匹夫之志难移,此鄙人所欲与诸君子共勉者也。

——摘自复旦大学校史编写组编《复旦大学志》第1卷(1905—1949),见黄书光著《国家之光人类之瑞——复旦公学校长马相伯》(2004年版)

世间所谓不要人格的东西,对威武,对权势,或对金钱,就投降,就屈膝,就崇拜的!……这是所谓"物之理",天理决不如此!人与人,人格等;不能叫人,来钦崇人。

——摘自朱维铮主编《马相伯集》(1996年版)

研究学问,为人类之灵光,莫不欲向光明之途上去的。区区少年时,向有戏言,哲学上也有之。如对太阳说:马相伯认识太阳,太阳不认识马相伯,所以马相伯自诩比太阳为尊贵。因为人是有灵之物,太阳终是无灵之

物,而科学愈发明,愈显造物者之不可思议,何有乎宗教及科学之不相容?所以更希望科学教育之发达也。

——摘自马相伯《九一寿辰演说词》,见朱维铮主编《马相伯集》(1996年版)

一灯光一烛光同时点着,同时放光,放在一块;大家可以考究一下,彼此互映的现象,只觉得大小强弱不同,竟无法划分光明的界限。更进一层,人生来是"万物之灵",即如太阳,也比人低,我认识太阳,太阳何尝能认识我呢?因此人类尽人道,可达到世界大同!

——摘自马相伯第五次广播演说《告日本军阀》,见朱维铮主编《马相伯集》(1996年版)

国无道德,国必亡;身无道德,身必亡。

——摘自《家书选辑》,见朱维铮主编《马相伯集》(1996年版)

古道德,即国魂也。魂寓于文,考之我国尤信。故振兴古道德,以提倡古学为宜。

——摘自《为函夏考文苑事致袁总统条呈》,见朱维铮主编《马相伯集》(1996年版)

人皆知学问之要,在尊德性。德性之尊,在情感之正。而人为有情之品,有德性之情,血性之情。以血性之情操纵德性之情,则情不正,必反之而后得其正焉。

——摘自《北京法国文术研究会开幕词》,见朱维铮主编《马相伯集》(1996年版)

"孝"之一字，实则就是"爱"的一个注脚……可见所谓"孝"就是人子对于亲的"爱"。

——摘自《一日一谈》，"所谓'礼教'问题"，见朱维铮主编《马相伯集》（1996年版）

风化，以道德言：一私德，应从不自欺，不惮改下手。事事须本良知，有宗旨，心口交诚，不妄动，不虚生，光阴是宝，财色非宝。公德，应从报恩始。孝之为义，报恩也；忠于社会，亦报恩也。不损人，不害人，权力不侵，义务必尽。

——摘自《函夏考文苑文件十种》，见李天纲编《马相伯卷》（2014年版）

人生以多知多闻为劳为福。我见天地万物，竟不知其来踪去迹，可耻孰甚？……人既有悟性以推论万事万理，一探得真情实理，即不得不归向之，敬爱之。盖真者，人人皆欲知之，知其可敬处可爱处，不得不敬之爱之也。

——摘自《信教自由》，见李天纲编《马相伯卷》（2014年版）

种种罪过，一一打开良心账簿，账簿所记不外善恶两途，光明与黑暗，处处反背。为善的不怕光明，为恶的暗无天日，躲躲藏藏，怕人看见。

——摘自《〈圣经〉与人群之关系》，见李天纲编《马相伯卷》（2014年版）

盖个人之乐，不如家族之乐；家族之乐，不如部聚之乐；部聚之乐，不如国家之乐；小国寡民之乐，不如大国众

民之乐。

——摘自《政党之必要及其责任》(1908)，见李天纲编《马相伯卷》(2014年版)

（二）教育观

教育乃立国立人之根本，国与国民，所以成立，所以存在，而不可一日或无者。非如革命仅一时之事，而不可一日或多。

——摘自《教育培根社募捐小引》，见朱维铮主编《马相伯集》(1996年版)

自强之道，以作育人材为本。救才之道，尤宜以设立学堂为先……况树人如树木，学堂迟设1年，则人才迟起1年。

——摘自舒新城编《中国近代教育史资料》上册(1961年版)，见黄书光著《国家之光人类之瑞——复旦公学校长马相伯》(2004年版)

解读："救才之道"也作"求才之道"。此句点明了国家强盛与人才培育之间的关系，是马相伯教育救国思想的率真表白，更是他人生实践的出发点。

及至疆理既竣，然后兴教育，所谓即富而后教之，不致造成不足以应社会所需之教育……凡满千户之区，设初等小学，县设高等小学，郡设中学，合数郡然后乃设大学。不如此，教育之才与力终虑不充……

——摘自《跋〈造花园新法序〉》，见朱维铮主编《马相伯集》(1996年版)

生计之竞存,不根于实业,实业之发皇,不根于科学,可乎?

——摘自《原言自序》,见朱维铮主编《马相伯集》(1996年版)

崇尚科学,注重文艺,不谈教理。

——摘自《一日一谈》,"从震旦到复旦",见朱维铮主编《马相伯集》(1996年版)

数理者,吾且以为不独科学之魂,而亦科学家之魂也。希腊有古贤,凡来学者,不先通几何,则不诲焉……余抱定此观念,以期人材辈出、科学之日兴有年矣。

——摘自《〈胡明复先生遗稿〉序》,见朱维铮主编《马相伯集》(1996年版)

本公学之设,不别官私,不分省界。要旨乃于南北适中之地,设一完全学校,俾吾国有志之士,得以研究泰西高尚诸学术,由浅入深,行远自迩,内之以修立国民之资格,外之以栽成有用之人才。诗曰:"高山仰止,景行行止,虽不能至,心向往之。"宗旨正鹄,固如是已。

——摘自《复旦公学章程》(1905年修订),见朱维铮主编《马相伯集》(1996年版)

解读:目睹了当时清政府的腐朽无能、备受欺凌,马相伯认为那个时代是一个严重缺乏人才的时代,国家的希望和前途在于人才。设立公学的目的就是培养有用人才,终极目标则是国家"自强"。

教育者,国民之基础也。书籍者,教育之所借以转移

者也。是以数千年之国髓,传于经史;五洲各国进化之程度,佥视新书出版之多寡以为衡……夫教育权之宜巩护,书籍之宜视为重要。

——摘自《中国图书有限公司招股缘起启》(1906),见李天纲编《马相伯卷》(2014年版)

且就余个人办教育经验看来,此种运动(注:指当时举办的一届全国运动会)给各校的学生造成一个特殊阶级,这些选手平常只注重运动,十有八九,其他功课都不及格,然而学校当局为了要他们在运动会上撑门面,遂对于他们事事优容,结果遂害了他们。待到他毕业以后,除了在学校中任畸形的体育教习外,简直没有他种生活技能。这实是当前一个大问题,余希望全国教育界诸君子深切地注意及之!

——摘自《一日一谈》"关于本届全国运动会",见朱维铮主编《马相伯集》(1996年版)

人第知音乐之洋洋,可以淑吾性,陶吾情,而不知绘事之功,远胜于音乐。音乐过耳不留,而绘事则否。

——摘自《北京法国文术研究会开幕词》,见朱维铮主编《马相伯集》(1996年版)

夫文学者,即以想象形容之力,使人人见以为可欲,可欲之等差虽万不齐,各就文所注重者鼓之舞之,以致其曲,以尽其神。

——摘自《北京法国文术研究会开幕词》,见朱维铮主编《马相伯集》

(1996年版)

一国有一国的文化精神,一国有一国的语言文字。尤其是我国自有数千年的历史,当自家知道爱护发扬它!……如果一律都要数典忘祖,老夫认为很可痛哭!
——摘自《宗教与文化》,见朱维铮主编《马相伯集》(1996年版)

一国之语言,一国之心志所藉以交通也。一国之文字,一国之理想所藉以徵验也。故观国者,每即其文字以觇之。未有文字浮浅委琐,陈腐狭陋,而理想不愧于文明者。
——摘自《〈古文拾级〉序》,见朱维铮主编《马相伯集》(1996年版)

欲研究近代科学,必自通其语言文字始。
——摘自宗有恒等编著《马相伯与复旦大学》,见黄书光著《国家之光人类之瑞——复旦公学校长马相伯》(2004年版)

外国文除撒劳曼格言外,从未见有如孟子义多而词简者,不识高明以为然否?故不读古书,难与言文学矣。
——摘自《致陈垣》,见朱维铮主编《马相伯集》(1996年版)

读十余年西洋书,为西洋同化了,将中国旧有的礼貌风俗习惯都忘掉了。这样的中国人,与西洋人何异?……更要多读中国书,明了中国的习惯风俗。
——摘自《学术传教》,见朱维铮主编《马相伯集》(1996年版)

今我国自中学以上，不善国文犹可，不读西文则必以为程度不高，而群情反对……吾不敢曰：在某某势力范围圈内，不应该读某某文字。如在山东者应读德文，但竟奉为国语，则期期以为不可。

——摘自《北京法国文术研究会开幕词》，见朱维铮主编《马相伯集》（1996年版）

今之所创，一本斯旨，凡欧美新科，最精最确者，则以介绍于中华，中华旧有之文学、道学、美术等，莫不善善从长，无敢偏弃，持此物此志以周旋而已矣。

——摘自《美国本笃会士创设北京公教大学宣言书稿》，朱维铮主编《马相伯集》（1996年版）

学堂或高小或中学，虽有体操，至十五六身体发展，加以兵操一二年，使有任重与冒险之精神，亦男子所宜有。女子使习看护、修理、开车及避炸弹、绿气等等，勇者使守炮台，亦国防所应有。

——摘自《民治私议》，见李天纲主编《马相伯卷》（2014年版）

近人以中国字书为至精之美术，盖美之美实未窥见。画也，乐也，蠢愚亦知其美，文则解其意亦知之。唯字不然，虽识其形，解其意，非多观古帖者不知，不知故不可以为美术。然则字之妍媸何在？在法古人以刀削。起当逆笔，住当停顿，笔不曲则留不住，此刀削者自然之理也。笔不起承照应则体散，转折不圆、粗细不相间则体呆。细观王字，无不中规中矩者,此也。

——摘自《家书选辑》,见李天纲主编《马相伯卷》(2014年版)

(三)教学观

一切学科,重在开示门径,养成学者的自由研究之风。

——摘自复旦大学校史编写组编《复旦大学志》第1卷(1905—1949)

解读: 直言在教学中学法指导的重要性。打开了学习方法的大门,才能更好地培养学生自主学习、自由研究的能力。

我则主张年轻和年长的,甚至三四十岁的,只要他们诚心来学,程度相当,皆应一视同仁,尽量收纳。

——摘自《一日一谈》"关于震旦与复旦种种",见朱维铮主编《马相伯集》(1996年版)

解读: 在马相伯看来,学生不论来自何方,也不论其年龄和地位,都应该一视同仁投以真挚无私的爱。作为教育的实施者,对于学生不能有歧视,不能有不平等,因为学生都是求学者,都是奔着知识来的,他们是国家未来的支柱。

凡投考者,以中西文俱优,为最合格。或中文优而西文差,或西文优而中文差,或于各种科学有专长者,临时亦可酌量取录。惟中文差者,须自认于卒业限内,能加意补习为合格。其有意唾弃国学,虽录取,亦随时屏斥。

……凡投考者,均须体格无亏。其品行名誉不良,取入时未及觉察者,随时察看屏斥……

投考者年龄，以十五以上，二十三以下，为最合格。其年稍长，而中西学术确有门径，精力能赴所定课程者，临时由校长酌定。

——摘自《复旦公学章程》（1905年修订），见朱维铮主编《马相伯集》（1996年版）

解读：在录取学生过程中，马相伯对"国学""体格""品行"是很看重的。在他眼中，一个合格的学生须具备这三方面的条件。

一切时习，不得沾染，由校长、校员、教员随时察视。有所规诫，宜即湔改……光阴可惜，来日大难。来学者均宜各自振备，沈毅用壮，期任艰巨。

——摘自《复旦公学章程》，见朱维铮主编《马相伯集》（1996年版）

科各有所徵用，问即问此所徵用也。或由问而致学，或由学而致问，谓之问学也可，学问也亦可。

——摘自《北京法国文术研究会开幕词》，见朱维铮主编《马相伯集》（1996年版）

演说只是人类在社会中发表自己的意思的一种工具，演说最好的人不见得就是好人；而真正有非常之才与德的人，其演说必有可观。所谓"有德者必有言，有言者必有德"。

——摘自《一日一谈》，"中国人的演说"，见朱维铮主编《马相伯集》（1996年版）

（四）教师观

一个国家之所以形成，必须有两种人为之重心：一种是负政治上责任的……一部分是负人民教育之责,为之师傅的人……乃是用他们文化工具使人民增进知识,发扬信心,培养道德。就国家社会之所以存立的根本言之,后一种人,即今之大学教授以下为人师表的人更为重要。譬如人之一身:行政方面犹之四肢百体也,师者脑神筋也……

——摘自《一日一谈》"中国各大学教授所应做的事",见朱维铮主编《马相伯集》(1996年版)

解读:把教师的地位提升到"国家之所以形成"的高度,可见"为人师表的人"在马相伯心目中的分量之重。教师的职责与使命,于此也一目了然。

宜拳拳于国家民族为己责,砥砺德行,阐扬学艺,建殊勋于朝右,树师表于人伦。

——摘自宗有恒等编著《马相伯与复旦大学》,见黄书光著《国家之光,人类之瑞——复旦公学校长马相伯》(2004年版)

解读:"己责""德行""学艺""殊勋""师表"高度概括了那个时代学生、教师的价值追求。这是马相伯对复旦师生们的殷切希望和勉励,也可以说是他自己所恪守的一个人生准则。

功课宜合国情,而教授法尤应合人心理。

——摘自《致陈垣》,见朱维铮主编《马相伯集》(1996年版)

解读:"合人心理"即合乎学生的心理,从学生的心理感受出发,让学生觉得有趣,继而激发起学生浓厚的学

一、马相伯语录

习兴趣。在教育实践中,马相伯也是这么做的。他十分注重方法,认为教师的职责不仅在于"教学生",更要做到"教学生学",因为教授之法直接关乎教学效果能否达到事半功倍的效果。

富于幻想力的儿童便是他的天才之萌芽……十分小心地培养儿童的幻想力,利用他们这种幻想力发展他们创造的天才……对于儿童的发问绝对不可表示丝毫憎恶的态度,不可有丝毫憎恶的心情,应当小心地解答他们的问题,甚至,在成人认为极无理由的问题,都要设法指导他们……父母和教师对于儿童的说话一点不可造次,要处处诚实不欺,更不可用鬼神的话来恐吓他们……不要用食物的赐与或禁止为赏罚儿童的工具,因为这末一来,便种下他们后来争名夺利的祸胎。

——摘自《一日一谈》"儿童时代的幻想与儿童教育",见朱维铮主编《马相伯集》(1996年版)

解读:马相伯认为学生不能"规行矩步",要有较强的思辨能力,要有有一点"白刃可蹈的反抗精神"。基于此,教育就要着眼于激发学生的想象力和创造力。他认为这一点很珍贵,必须要小心地从孩子的幼时培养。在马相伯看来,教育者只有细心鼓励孩子大胆想象、大胆表现,在尊重孩子主观想法的前提下进行恰当的启发和引导,这样,一个人的个性才能得到充分发展,想象的源泉才不会枯竭和泯灭。

保育儿童,家庭天职;因为不能独立的儿童,不好好地保护他们和教育他们,就要像那没有保护好的嫩叶,或夭折或失了美观呢。

——摘自《乐善堂纪闻》"保育儿童和尊敬女子",见朱维铮主编《马相伯集》(1996年版)

(五) 学生观

读书不忘救国,救国不忘读书。
——题联,见复旦大学党委宣传部"纪念马相伯先生诞辰170周年"系列图片展

解读:这是马相伯先生在那个"救亡"压倒一切的特定时代背景下提出来的,民族危亡时刻他还提倡"读书",表明了他对青年学生的殷切希望和对国家未来的无限期盼。

我们中国人,究竟争气,现在这大学是很好了!有人提倡学生干政,方法很新。现在学生两个字,要顾名思义才好,学然后可以生。不学,那就不可以生了!

——摘自《内政外交学风种种评论》,见朱维铮主编《马相伯集》(1996年版)

解读:马相伯主张学生以学业为主,不提倡"学生干政",在当时有特别的意义。实践证明,真正改变中国近代科学文化落后局面的仍然是知识和学问,而不是政治。

所谓大学生,非校舍之大之谓,非学生年龄之大之谓,亦非教员索薪水之大之谓,系道德高尚学问渊深之

谓,诸君在此校学习,须遵循道德和专业内容,庶不辜负大学生三字。

——摘自《代理大学校长就任之演说》,《申报》1912.10.29

解读: 马相伯于一百多年前阐述"大学生"的真义,并强调"道德高尚"和"学问渊深",这对今天的大学生也是很有启迪的。

读书所以明理,明理则眼光大。

——摘自《家书选辑》,见于朱维铮主编《马相伯集》(1996年版)

解读: 有大眼光的人,往往思维活跃,思路开阔。认识事物的范围宽广,理解事物的程度就深刻,处理问题的预见性就强,就会有独到的见解,有创造的灵感。马相伯认为要做到这一点,必须从读书开始。

是以青年诸君,今日在校求学,必须手脑并用,研究与实验并重。能如是,然后乃能求得"真的知识"与"活的学问";必有"真的知识"与"活的学问",乃能实际应用,以科学救国,以科学建国,以科学创造全人类之福利,此则青年诸君所应肩负之责任也。

——摘自《新年告青年书》,见朱维铮主编《马相伯集》(1996年版)

解读: 东北沦亡,马相伯为国家和民族的前途与命运深深担忧。他把希望寄托于"科学",寄托于青年学子——作为学生,要想得到"真的知识"与"活的学问",必须要能够做到独立自主地去思考和实验,唯有这样才能够做到"实际应用,以科学救国,以科学建国"。

读书随处净土,闭门即是深山。
——题联,见复旦大学党委宣传部"纪念马相伯先生诞辰170周年"系列图片展

惟善为宝,读书便佳。
——题联,见复旦大学党委宣传部"纪念马相伯先生诞辰170周年"系列图片展

劝汝要多看书,多写字,字即写《华山庙碑》甚好(《猛龙碑》远不及),王字全用隶法。凡事在专而已矣,专则有成……
——摘自《家书选辑》,见朱维铮主编《马相伯集》(1996年版)

读书贵在有条理,不在出洋不出洋,洋学生读不成者太多……
——摘自《家书选辑》,见朱维铮主编《马相伯集》(1996年版)

心好高妄想而力不能,故心地无真平安,是以学问无进境。盖学问之道,妒无用,夸无用,惟收放心有用。
——摘自《家书选辑》,见朱维铮主编《马相伯集》(1996年版)

从学术的研究上讲,我国书生,埋头书本,尚纸上空谈。从前《大学》中所谓"致知格物"的方法是丧失了。欧西科学,重在实际,事事要实验成功。
——摘自《宗教与文化》,见朱维铮主编《马相伯集》(1996年版)

我们的青年固须教育，我们的成年人尤须教育，因为他们学了一点，马上到社会上去，就有用……学生不应以家庭为家庭，而应以社会为家庭……

——摘自《一日一谈》，见朱维铮主编《马相伯集》(1996年版)

上课勿淆乱声浪，唾涕不声扬，承以巾；上课前，预备应用书物。非应用者，勿携入；上课时不得分心他事，私语匿笑；有疑难须解析者，应起立向教员致问，他人不得搀言；上课时内，即有戚友来访，不得出外招待；教授用具，非教员允许，勿擅动；黑板不得任意涂写。

——摘自《复旦公学章程》(1905年修订)，见朱维铮主编《马相伯集》(1996年版)

自修时，无故不离座，不站立他人案前，并无端至他自修室。他人书物及桌屉，非特许，勿擅动。自修桌上书件，必以时整理齐楚。勿游戏、谈笑、饮食及吸烟。戚友来访，须至应接室晤谈。

——摘自《复旦公学章程》(1905年修订)，见朱维铮主编《马相伯集》(1996年版)

将食鸣铃，每桌坐满始举箸。当食须从容，以期有益卫生。食毕以次散，勿凌乱。食品或烹饪失宜，应暂容忍，一面告庶务员，饬令改良，勿自行添换，及临时喧责。当食勿高声谈笑，食弃物委诸承盘。校员、校生在堂同食，均自添饭。有病不能赴膳厅者，须先通告庶务员，以便饬役送膳。但能赴膳厅者,不在此例。

——摘自《复旦公学章程》(1905年修订),见朱维铮主编《马相伯集》(1996年版)

饭后必游息半小时,余依日晷长短定之。非时不任意闲游。公备游戏器具,须共珍惜。禁不规则之游戏,及不应至之地游行。列队旅行,须经校长及体操教员定其时期与地界。

——摘自《复旦公学章程》(1905年修订),见朱维铮主编《马相伯集》(1996年版)

解读:以上明细的训规同我国的文明礼仪传统是相吻合的。这种行为规范的反复教育和训练对学生成长而言无疑是受益终身的。

吾国学子,往往多攻苦而不知卫生。以后,膳毕即伏案,及深夜勤读习,各宜互戒,务剂其平。

——摘自《复旦公学章程》,见朱维铮主编《马相伯集》(1996年版)

附:马相伯生前遗嘱

余年已百龄,遭逢国难,深知救亡图存惟赖团结英才,齐一心志。生平信奉天主教,致力教育,斥资兴学,创设震旦学校于上海,迄今已四十年,人才辈出,蔚为国用,翼此后益宏良模,以副余之大愿。

——摘自朱维铮等著《马相伯传略》"怀念先祖父相伯公"

二、吕凤子语录

教育家吕凤子

（一）人生观

一切在外的现象起灭无常,我们不承认他是实在。一切在内的心相倏忽起灭,我们也不承认他是实在。但我们却常说,一切非实在的客观现象、主观心相是生力的幻变,生力不减,便假认这是最后的实在。便分别名生的法则为真,生的意志为善,生的状态为美。

——摘自《吕凤子研究文集(第二辑)》(2005年版)

解读：吕凤子从宇宙范畴看待万物,认为宇宙是万物无限的生力在具体事物上的特殊反映,唯有人所独具的精神作用可以表现无限的生力,从而无限地生。

若虚感感若虚相,而生若虚快焉,快即合若虚之真物、真我,于若虚意识界之谓美。

——摘自《吕凤子研究文集(第二辑)》(2005年版)

解读:他认为美乃物我相挈合而生,是一种非实在的现象假象,离真物真我无美,离本体亦无美,将赫智尔、赫尔德曼的具相理论美学,斯宾塞进化论美学,亚林生理美学、麻夏尔快乐理论美学以及《楞严经》某些思想结合起来,构成了他的美学基础。

精神作用的基本作用或原动力为无限生欲及无尽爱(一往求异之情),所欲得者为永久超现实的理想之实现,以故人生永久在创造复创造中过着理想的生活。

——摘自《吕凤子研究文集(第二辑)》(2005年版)

解读:无限生欲这里不是狭窄理解的欲望,而是主指生的意志;无尽爱也不是指世俗意义的贪恋,而是表现为爱自己(异),爱他人(他人之异,直可由人及物而至无尽),继而以生的意志和无尽的爱为原动力,确立和实现永久超越现实的理想,只有这样,人类才可以永久地在创造复创造中过着理想的生活。

本人常说,人生活动得分两类,一类为消极的因应活动,一类为积极的创造活动。创造活动赅三事,即创造的三步骤:

一是自己(自我)发现。

二是一切已鉴赏或认识。

三是事象构成即理想表现。

——摘自《吕凤子研究文集(第二辑)》(2005年版)

解读:他经常说,人一生所从事的活动,主要分为两类,一类是消极被动的顺应性活动,一类则是积极主动的创造性活动。创造性活动包括三件事,也就是创造性活动的三个步骤:第一步,能正确、客观地认识自己。因为创造活动是个己的劳动(制作),所以必须先发现自己(发现、认识真我所应具能具的智力、能力),即自己的自觉(自己觉醒和觉悟);自己的创造劳动必依托于具体的类别(创造的对象)进行,所以必先了解个己(具体的类别和创造者本人);所以创造者所创造的是表现自己的新事物。第二步,无边无尽爱的唯一作用是爱异(他人以及万物的异,包括自己的异)。在发现、揣摩每个己的过程中,能对不同的己有所认识,有所领悟,有所认同。第三步,创造复创造,永久以成己为事,即永久以成异为归,个人和众生,个人之异和万物之异相互关联,融为一体。

教了五十年的书,书没有教好;画了近六十年的画,画没有画成,就这样算了吗?不,还得作最后的努力。

——摘自《吕凤子研究文集(第二辑)》(2005年版)

解读:这是凤先生对祖国的爱。他对祖国的教育事业做出了如此巨大的贡献,却又如此谦虚,愿意为自己的祖国奉献一生。

事事总不能尽如人意,但求无愧于心足矣。

——摘自《吕凤子研究文集(第二辑)》(2005年版)

解读:国立艺专在凤先生的领导下取得了可喜的成绩。然而,由于学校派系林立,互不服气,特别是一些别有用心的人暗中挑唆,对凤先生大放冷箭,发生了国画系和西画系不能共容的状况。有的人还跑到教育部去告状,说国立艺专被"赤化"了,学生思想混乱,凤先生用人不当。接着许多主要的教授、主任相继辞职,凤先生遂发出这样的感叹。

曰,己,化之枢也。曰,欲,生之机也。动莫不有欲。变莫不有机。欲务争,己导之,斯成化矣。

——摘自《吕凤子研究文集(第二辑)》(2005年版)

解读:凤先生认为一个人要有欲望,那是人生奋斗的动力,要抓住机会,通过努力,使自己有所成就。

要站在时代的立场上,说你自己的话,绘你自己的画。

——摘自《吕凤子研究文集(第二辑)》(2005年版)

有一分精力可用,我必用之,即令明日死亡,今日仍须尽力治事与学,我之人生观如此。

——摘自《吕凤子研究文集(第二辑)》(2005年版)

解读:吕凤子中年后常病,但其治学、治艺以至治事一向认真努力,从不使光阴虚度。这是抗战时期在四川病重住院时写给女弟子任闲的信中说的话。

说实在的，我一生所努力追求的理想社会，有点像共产主义。

——摘自《吕凤子研究文集（第三辑）》（2006年版）

解读：正因为凤先生有此远大的目标与理想，才会为祖国奉献一切。

真正爱的行为是不会违背仁义之境的。

——摘自《吕凤子研究文集（第三辑）》（2006年版）

解读：凤先生就是这样解释真正的爱的，那就是仁义之爱。

祖国需要你们这样做，你们就这样做，没有把自己意愿和祖国企求对立起来，这是你们已经懂得做祖国青年的道理。可是你们不要说，有热情和勇气就无事不可成，你们还需时刻警惕着，事事难在有终，不仅是难在开始。

——摘自《吕凤子画鉴》（1996年版）

你们要自始至终本着自觉的责任感，不避任何险阻艰危，奋全力坚持到底。集合你们和你们所有的同志们一滴不留的汗和血，为祖国写一页美丽光辉的发展史。

——摘自《吕凤子画鉴》（1996年版）

我羡慕你们，我一样有热情，有勇气，有责任感，可是祖国不要我和你们在一起写，道是我上了年纪，我只好睁着满含希望的眼睛，看你们怎样做英雄，做模范，怎样成就你们每个人的了不起。

——摘自《吕凤子画鉴》(1996年版)

这快乐是忘我的无私的共产党给我的,是毛主席给我的。我要画人民共戴的红太阳,画太阳的光,太阳的热,无休止地画到手僵,笔僵!

——摘自《吕凤子画鉴》(1996年版)

解读:在新中国,凤先生感受到了巨大的幸福,他愿意把自己的整个生命都献给祖国。这段话表现了凤先生的崇高品质。

我确希望再活几年多做些事,但恐病不我许耳。生的意义便是不息的劳动,不断的创作,我一向是这样说,就得这样做。病不能夺我志,死更非我所忧,千万勿以我病撄心,致妨工作情绪。

——摘自《吕凤子画鉴》(1996年版)

解读:凤先生认为,人活着的意义就是要不停地劳动,不断地创作,为社会、为国家做出自己应有的贡献,奉献自己的光和热,实现人生的价值。他不仅这样说,更是这样去践行人生的真谛的。他说:"病魔不能击溃我的意志,死更不是我所担忧和畏惧的。"凤先生从不满足于自己过去的成就,把劳动和工作看得比生命还重要,一直到他逝世,都坚持这一信念。

才尽其用,生尽其性也,斯为善。才尽其用,力尽其

二、吕凤子语录

变也,斯为美。艺术制作止于美,人生制作止于善。人生制作即艺术制作,即善即美,异名同指也。

——摘自《吕凤子研究文集(第四辑)》(2009年版)

解读: 吕先生眼里的艺术制作"应该是爱、美、力的结合和真、美、善的统一"。同样,吕先生也认为教育不仅是传递文化,而且要培养人们的爱,创造人间文化,获得人间福利,表白爱的力量。应该把人的教育和培养当成一门艺术品来塑造,有德有仁才有爱,有真有善才有美。

我是一个艺术师范生出身,则一生坚守着艺术教育岗位,乃是份内之事。不教书怎么能成呢?我不愿休息,要教书教到最后一天。

——摘自《吕凤子传》(1992年版)

解读: 凤先生用巨大的热情为教育事业奉献着自己的光和热。

我国古代国王的姓氏大多从女,炎帝姜姓,黄帝姬姓,舜为姚姓,太昊风姓,在古文字中风即凤,凤在我国是女性的专用字。我是师范生出身,自称凤先生,意在提倡女子教育,要以教书为终身职业。另外么,有人捐款资助正则女校,我就用书画来回赠。落款凤先生也是为了争取各界人士多资助正则。

——摘自《吕凤子传》(1992年版)

解读: 这是凤先生阐释为什么叫"凤先生"的原因。

三百年来第一人之说实在不妥不妥。清代乾隆年间的"扬州八怪"还没超过二百年哩,三百年来数得出的大家就有:清初的"四王",还有"四僧"。当代名家有李瑞清、曾农髯,黄宾虹等,我岂敢忝列其前?

——摘自《吕凤子传》(1992年版)

解读: 仰之弥高,只有凤先生这样的大师才会有这样的虚怀若谷。

不论到哪里,都切不能坐等当亡国奴,要参加抗日活动。

——摘自《吕凤子传》(1992年版)

解读: 凤先生对学生的爱国行动的支持可见一斑。

山下田盈出涧水,响绝动定清且澈。浊泥水底色黄赤,水则湛然终无色。此皆尔我目同得。从之存之去之义无他,去即能染无奇存独特。

——摘自《吕凤子传》(1992年版)

只要国人之心不死,我相信直捣黄龙,复我金瓯,报仇雪耻的这一天终会到来。

——摘自《吕凤子传》(1992年版)

解读: 凤先生虽是书生,却不忘国仇家恨,渴望抗日早日胜利。

以往有的人题款,畏畏缩缩,好像连身子都站不住,

过谦到不平等的程度。作画或写字是光明磊落的事,为什么不把自己的名字写得大大的!

——摘自《吕凤子传》(1992年版)

解读:作画是一个人的劳动,付出了心血,没有什么见不得人的。

饮食男女欲求是自然人的基本要求,佛家主张绝灭,儒家则主张制礼作乐,调节这种欲求。一向站在教育者地位的我们,主张发乎情止乎礼,不违情不越礼。明知是意见极矛盾的事,但不能不这样做。人间的一切事永久在矛盾中进行,就因矛盾是动的因变的原生的现象。

——摘自《吕凤子传》(1992年版)

解读:这是凤先生的矛盾论。

"我"是人们最基本私产,不能忘"我"就不能全心全意为人民服务。"我"和"我们"对立取消了,主客观同意了,私我变成公我了,原来完全为私而生的人,也可变为完全为公而生的人,这是可以用批评和自我批评的方法做到的。

——摘自《吕凤子传》(1992年版)

解读:这是凤先生的公私论。

在我国两晋南北朝时,有不少感觉敏锐的人宁与木石居,鹿豕游,而不愿意与人伍,去歌咏自然,摹写自然。我们与其责备这些自然诗人画家舍弃社会应负的责任为不义,或不敢正视现实为无勇,不如说这些人还有点人样子,人气息,还不失为一个有心人,社会既愈变愈丑,又谁能强人舍美而好丑呢,就因好美舍恶是人们天性,所以美育才有实施可能。

——摘自《吕凤子传》(1992年版)

解读:凤先生认为,作为一个画家,需要有社会责任感。

多谢孙先生盛情,我乃一介书生,志向不在官场。所办正则女校才初具规模,一时难以脱开。

——摘自《吕凤子传》(1992年版)

解读:凤先生不愿为官,而愿为教育事业奉献自己的一生。

老凤今年七十四,一身是病不肯死。新国建立才十年,似已过了一百世,还待一阅千世事。

——摘自《吕凤子研究文集(第一辑)》(2000年版)

解读:凤先生怀着赤诚之心,要不遗余力,多做贡献。

何有人间?人间何有?有无徒费词说。且教了却些儿,莫问个中消息。些儿了却,便夕死也无余惜!会须知,甚是人间?甚是人间一切?甚一切人间哀乐,些儿尽化泪与血。算先生未负聪明,懂得生皆是力!

——摘自《吕凤子研究文集(第一辑)》(2000年版)

同是行路人,奚为异苦适。肩者吁不已,乘者意殊得。
——摘自《吕凤子研究文集(第一辑)》(2000年版)

劳劳人与牛,斜日淡烟里。往来相推挽,力竭未容已。
——摘自《吕凤子研究文集(第一辑)》(2000年版)

耕者有其田,人与牛异矣。人亦何尝有,有者有自己。
——摘自《吕凤子研究文集(第一辑)》(2000年版)

自己解放前画画是用寄愤慨,用当揭露;现在画画是用抒欢喜,用当歌颂了。
——摘自《吕凤子研究文集(第一辑)》(2000年版)

解读:凤先生要用自己的笔讴歌祖国,讴歌共产党。

我有志于兴办教育,造福桑梓,学一个"鞠躬尽瘁,死而后已"也就平生之愿已足了。
——摘自《吕凤子研究文集(第一辑)》(2000年版)

有香宜暗闻,无色自清绝。
——摘自《吕凤子研究文集(第一辑)》(2000年版)

要认真,不能有丝毫马虎和浮华。
——摘自《吕凤子》(纪念吕凤子诞辰一百周年大会专刊)

人可骄傲自满,不可同流合污,更不可做损人利己的事。
——摘自《吕凤子》(纪念吕凤子诞辰一百周年大会专刊)

肉体之我既与一切现象同被缚于不可避之理,并受制与真我,真我为吾人高等生命,为一切道德之所有出,不生不灭,非托生于虚空与永劫之间无过去未来,而常现在者也(此所康德倡之,微近佛说真如)……真我恒以道德责任临命吾心。

——摘自《吕凤子文集》(2005年版)

解读:凤先生认为道德遍布于宇宙之中,为永远恒常之理,只有觉解道德全体,认识到本体的绝对性,幸福本原才能得以呈现,所见到的一切现象才有可能察识其根。他敏锐地意识到道德的起源和本质。

　　因人本身及人的精神反映的是自然生力和规律,继而以生的意志和无尽的爱为原动力,确立和实现永久超越现实的理想,只有这样,人类才可以在永久的创造复创造中过着理想的生活。

——摘自《吕凤子文集》(2005年版)

解读:凤先生认为幸福生活是创造出来的。

　　道德为完全幸福之本原,即为完全幸福之实体,舍道德无所谓幸福,舍抑欲无所谓道德,道德所在,即真我所在。故曰真我有抑欲之权,抑欲所以尽我实之用,我之用即自然之用,岂有他哉,生生而已。

——摘自《吕凤子文集》(2005年版)

解读:道德的幸福是一切完全幸福的根本,丢舍道德就无所谓幸福,丢舍抑欲就无所谓道德。有道德在,才

有真我在。所以说,真我具有抑欲之功能,抑欲之所以能被"我"尽其所用(体现"我"的价值和作用),是因为这种价值和作用是与自然之用相通为一的。

生之能终不可竭,生之爱亦终不可也。
——摘自《吕凤子》(纪念吕凤子诞辰一百周年大会专刊)

由不息的劳动使生欲获得自由发展机会,因而启爱异即爱己之情,不甘为拘役,而力自挣脱。
——摘自《吕凤子》(纪念吕凤子诞辰一百周年大会专刊)

屈子魂就是我正则的校魂。
——摘自《与太阳的对话》(2011年版)

解读:1947年秋季,凤先生在一次校庆会上,亲自解说:"我们的学校是以屈原的名字做校名的。这是为什么?就是要以屈原的精神和形象——他的思想、人品、才能和成就,作为我校师生共同追求的目标。屈子魂就是我正则的校魂。""正则"校名由此而来。

泪应涓滴不遗,血也不留涓滴,不留涓滴,要使长留千古热。
——摘自《与太阳的对话》(2011年版)

解读:洒尽自己的泪,流尽自己的血,毫无保留地奉献自己的一生,将自己的一腔热血流传千古。这是凤先生无私奉献品格的真实写照。

一念永怀人可爱,遂教苦绝世间心,剩有泪如倾。

——摘自《与太阳的对话》(2011年版)

我一生寻找人的价值和意义,现在才算找着。旧说,朝闻道夕死可矣。但我还不愿意即死,我还要好好的活几年,做几年,以弥补过去的白活、白学、白苦的损失。

——摘自《与太阳的对话》(2011年版)

解读:他心情舒畅,奋力创作,画新题材,并改用行楷题句,以便能更好地为人民服务,以此来歌颂祖国的新生。其作品艺术造型严谨,风格朴厚豪迈,技法奇变无方,达到了无法之法的境界。

作画的是我自己,我是为自己而画。为了取悦于人而画,极不自由,也极不愉快,因此也画不好。

——摘自《与太阳的对话》(2011年版)

我要做到有生最后一息,我珍惜我的劳动权,我还有我的义务感,我要使尽我的能和力,我不要休息。

——摘自《与太阳的对话》(2011年版)

统一于情意的一切心作用,一切行为是渗错的,不可分割的。

——摘自《与太阳的对话》(2011年版)

活着就要热爱劳动,劳动不是苦,它会使你获得生的

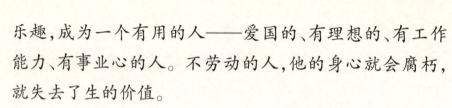

乐趣,成为一个有用的人——爱国的、有理想的、有工作能力、有事业心的人。不劳动的人,他的身心就会腐朽,就失去了生的价值。

——摘自《与太阳的对话》(2011年版)

一切美的产生,是人间互爱之所至。纯美需要力的表现,力则是人类生态的精神。依力而生,依力得成。

——摘自《与太阳的对话》(2011年版)

(二) 艺术观

中国画应该是爱、美、力的结合。

——摘自《吕凤子画鉴》(1996年版)

各种各样的艺术,都各有长处,应该让它们百花齐放,互相借鉴,取长补短,共同繁荣,做到万异并存并成,这才是理想的美。当然,美和善是统一的,不善的,也就是对社会进步有害无益的艺术,是不能算作真正的美的。

——摘自《吕凤子画鉴》(1996年版)

美的形式,是变化调和,调和变化。愈变化愈调和,变化便是调和,愈调和愈变化,调和便是变化。这样的愈变愈复杂的形象也就愈美。美的内容,是作者对于事物之理的感。理无二致,感有深浅。感愈深,理愈邃,配合愈复杂的形象,也就愈感内容丰富而愈美。形象和内容总是调和的、统一的。

——摘自《吕凤子画鉴》(1996年版)

生是尽变竭能,必也一切生不相侵害,才能各竭其能,这便是生的法则。而要一切生各尽其变,各竭其能,便是生的意志。生的状态便是生的意志遵循生的法则的表现。所以我们说美在异,美在一切生的谐和幻变。

——摘自《吕凤子研究文集(第四辑)》(2009年版)

昔之良法,或不适行于今,决择不慎,譬入歧途,愈进愈远于目的;譬行险径,不经意而踬而踣,且有后灾矣。

——摘自《吕凤子研究文集(第三辑)》(2006年版)

变不是勉强的求异,而是各人本来相异。在文化的脉络上可以有其相同处,而个性的发展,艺品的陶冶,都无法求其相同。画人们如能博摄诸家之长,为绘画艺术延伸一步新领域,即是在创作上有一席地位。我个人绝对尊重各人的异,成就各人的异。你们在休养上必须穷物之理,尽人之性,而后心物冥合,才能有所创新。

——摘自《吕凤子传》(1992年版)

各种艺术之间都有相通之处。

——摘自《吕凤子传》(1992年版)

以往艺术家不少是这样的,知道自家有己,尊重自家

的己,却不知道人家也有己,尊重人家的己。

——摘自《吕凤子研究文集(第一辑)》(2000年版)

如果提倡者原意不是要消灭"水墨画",以为绘画必须具备各种彩色的话,最好还是让他们在互不相妨中分途进展吧。

——摘自《吕凤子研究文集(第三辑)》(2006年版)

作者禀赋不同,修养不同,因而用同法构成的中国画就会有多种画格的不同,如所谓逸格、神格、妙格、能格等。这种合品格、风格为一的画格,是止存于用渗透作者情意的笔力构成的,能够在表现"实对"同时显示作者自己的画中——即用中国画法构成的中国画中,不是用中国画法构成的非中国画中固不贵有这样的画格,也就不会有这样的画格。

——摘自《吕凤子画鉴》(1996年版)

凡善画者必善书,凡习画者不仅要研究书法还要研究非书法所能赅的画法,书画同源嘛。自古以来善书者多善画,善画者多善书,书与画殊途同归。

你们看,画石如飞白,画木如籀,画竹呢,干如篆,枝如草,叶如真,节如隶。

——摘自《吕凤子传》(1992年版)

画家本事乃是写神致用。

——摘自《吕凤子研究文集(第一辑)》(2000年版)

(三)教育观

最合理教育云者,即穷异成异、穷己成己之谓。

——摘自《与太阳的对话》(2011年版)

解读:穷异成异,穷己成己的教育,在吕凤子看来是最合理的教育。"穷异"在广义上是创造人类文化的必然,"成异"在广义上是获致人类福利的必须。"穷己"生命潜能,满足开发人的最大创造力的要求;"成己"有尽己之用、造己之极的要义。穷异成异(广义)、穷己成己(特指)非但不相矛盾,反而有分一即二,合二则一的一体性(不能穷己便不能穷异,不能成己亦不能成异,反之亦然),这是一己联通一切己,一异联通一切异的自然属性所决定的,也是人确立崇高理想所必需的。

我们负最大的责任是指导儿童学习,做合理的儿童。

——摘自《与太阳的对话》(2011年版)

解读:培育合理儿童,就是立足于儿童的"合理发展",把儿童当儿童,根据儿童身心发展规律,让儿童成为儿童,让每一个儿童成为他自己。应该时刻注意他们身体的发育而祛其障碍,时刻注意他们情意的偏向而指导辅导其发展,并教以怎样学、怎样思的方法。时刻注意他们整个心理的活动,是否遵循合理的途径在进展,防其有所偏执而"病"。如学生有所偏执,应设法诱导启发其向

周围人学习及激发好奇情绪,恢复其健康。"合理儿童"最终的具体表现为:每一个孩子都能健康、快乐、和谐地发展。

我们的教育主张是就异成异,是要众异并存并成,不要成此蔑彼。意谓苟有所蔑,必底于乱,小蔑小乱,大蔑大乱。成谓相成,非独成。成未有独成。

——摘自《吕凤子画鉴》(1996年版)

解读:成功,通常称为相辅相成,而不是单独个体的成功。成功,从来未有过仅凭一人之力便可获得的。凤先生非常强调合作意识、集体意识。他认为,要想获得成功,必须依靠团队的力量;即使是个体的成功,也是建立在团队力量之上的。

在,即真我所在……全道德谓道德之全体……今兹所谓一切道,犹是全体之一片段,非已臻绝对善也。必也一切心之作用不为欲用,而后全道德始获渐再发现。何也,一切心不为欲用,始获自用其用,无有挂碍,始获发无尽藏;无有挂碍,始获发无尽之自然现象,自然理法;无有挂碍,自然之用尽,斯道德之全睹也。肉体之我既与一切现象同被缚于不可避之理,并受制于真我,真我为吾人高等生命,为一切道德之所有出,不生不灭,非托生于虚空与永劫之间无过去未来,而常现在者也……真我恒以道德责任临命吾心。

——摘自《吕凤子研究文集(第二辑)》(2005年版)

道德的行为,理性的意志,见诸外也。理性的意志,谓良心作用。良心作用,谓心性全体作用。同情,谓全体作用中感性作用。前说第一转念,第二推想,则谓全体作用中知性作用。知性感性二作用合,所谓第二推想始无乖误,始克尽良心作用。谋尽良心作用,斯有所谓德育。唯美感只能引起全体作用中感性作用,故不能谓美育即德育。又唯美感能引起全体作用中感性作用,故不能谓美育德育立绝对之区别。

——摘自《吕凤子研究文集(第二辑)》(2005年版)

解读:理性的意志是良心的作用,而良心作用是人的心性全体的作用。同情是心性作用中的感性作用,而经验和人心是心性作用中的知性作用,只有慈悲之心、道德和良心相结合,才能产生理想的效果,人心才可能无偏倚、无差错,才可能完全地挖掘和发挥良心的作用。这种作用便是道德。美感只能引起心性作用中的感性作用,它不能等同于良心和理智的作用,所以不能说美育就是德育;美感虽是人心作用中的感性作用,但感之所能,积久便可作用于人的心性转化,所以又不能把美育和德育进行绝对的区别。

鉴惟爱,斯行乎爱而无悖义。契夫义,斯行乎公而无违仁,美育始于无为,终于无为,为无为,善之至也。

——摘自《吕凤子研究文集(第二辑)》(2005年版)

解读:爱不能背离真义,这真义就是公(天下大公),就是仁(人类公认的道德范畴)。美育是自然的认识和

认识的自然,所以遵循自然规律为始终,能够体现自然规律,美育就能体现出"善"。道的最根本规律就是自然,即自然而然、本然。对待事物就应该顺其自然,无为而治,让事物按照自身的必然性自由发展,使其处于符合道的自然状态,不对它横加干涉,不以有为去影响事物的自然进程。

相斯和。独应众,和。众应独,和。众应众,和。独应独,和。和斯美,不相应斯乱。爱生者爱美,教止乱而尽爱,是为美育。

——摘自《吕凤子研究文集(第二辑)》(2005年版)

执,和之障,乱之源也。美育有序;观和,平执;观爱,止执;观执,绝执。

——摘自《吕凤子研究文集(第二辑)》(2005年版)

解读:固执己见,是和的障碍,乱的根源。美育的功能可以有序(地改变着"执"):以"和"来化解抚平"执",以"爱"来熔化抵止"执",以发现"执"的危害来杜绝"执"。

美育是就异成异,还人为人的非物教育,但不是造就人上人的教育。

——摘自《吕凤子研究文集(第二辑)》(2005年版)

用成物方法去成人那就大错特错了,用成人的方法去成物也一无是处。

——摘自《吕凤子研究文集(第二辑)》(2005年版)

解读："成人"是内用功，注重人的内在修为，而"成物"是外用功，注重顺其自然。"成人"的方法除注重合乎人的天性外，还必须注重人的内在的道德、伦理的培养及欲望的控制，这就是"合乎法则""遵循规则"；而"成物"必须合乎"物"之天性，否则必然会影响其成长。"成人""成物"应是内在与外在的和谐统一。不可把"物"当成有主体性的"人"，更不可把"人"当成无主体性的"物"。

由于人们为私欲蒙蔽，常不能尽其生、穷其爱、竭其力的变幻，这就有待于教育。我们现在做的事，就是启蒙祛蔽的事。启蒙祛蔽，爱的芽便可发荣滋长。

——摘自《吕凤子研究文集(第二辑)》(2005年版)

好美是人的天性，所以美育才有实施可能。

——摘自《吕凤子研究文集(第二辑)》(2005年版)

把我们活动组织起来向一个目的进行叫做事，凡有益一切已生长和成就的事叫善事，凡有害一切已生长和成就的事叫恶事，教育目的是要被教者各个己都获得相当成就，当然是事之善者。但教者如把他当做谋自己生活的职业，把受教育者当做成就自己的工具，那就变成人间绝大罪恶。

——摘自《吕凤子研究文集(第二辑)》(2005年版)

我们在校的同学、老师以至每一个人，做人、做学问，都要以屈原的精神和形象为榜样。我们的校歌就是仿楚辞而作，它的内涵和校魂是统一而和谐的。

——摘自《吕凤子研究文集（第二辑）》（2005年版）

我们现在提倡美育，是要构成社会的任何个人都能各竭其能，而在谐和状态中。这种理想固不啻为带有浪漫的理想主义，其育人终极目标为人能各竭其能，而在谐和状态中，也凸现了新文化运动下，一代知识分子"人"的意识初步觉醒，向着理想大胆迈进而产生的精神极度高扬。

——摘自《吕凤子研究文集（第三辑）》（2006年版）

欲为此问矣。则吾敢径应之曰：然然。为欲培养儿童之若虚感，引起其美的乐受，并同情作用，直接阻止私欲之发生，确立道德之基础。

——摘自《吕凤子研究文集（第三辑）》（2006年版）

故余曰美育者不但抑欲之方便法门，亦即德育之所以为德育。舍美育而言德育，吾见其徒劳而无益也。所以从事人间教育者，他的目的应该永久是，创造人间文化，获得人间福利。即永谋发见生力变幻无尽之原则，而使社会生活趋向合焉。

——摘自《吕凤子研究文集（第三辑）》（2006年版）

我们认为一切非实在的客观现象和主观现象都是生

力的幻变,生力不灭,便假设这是最后的实在,分别名:生的法则为真,生的意志为善,生的状态为美。所以真善美,爱美力,这是心中最后的本真,他们的完美结合所创造的作品,创造的世界,才是我们的目标。

——摘自《吕凤子研究文集(第三辑)》(2006年版)

我办女子职业学校,是为了提高女子的社会地位,把学校作为实施美育主张的实验园地。我主张万异并存、并成的原意是说,任何人都有机会受到平等的教育,而各展其才,各成其业。

——摘自《吕凤子研究文集(第三辑)》(2006年版)

我们做老师的好比育婴室里的奶妈,要吃奶时找到我们,等长大了,就都离开了。所以,认我作老师可以,不认我这个老师也可以。青出于蓝而胜于蓝,这是常有的事。

——摘自《吕凤子研究文集(第三辑)》(2006年版)

矢志办学,我心决矣。

——摘自《吕凤子研究文集(第三辑)》(2006年版)

一个国家若想强大,站稳脚跟,除了历史的契机、地理的渊源、武力的盛衰,最主要的还是文明、文化——一个民族的文化素质如何。

——摘自《吕凤子传》(1992年版)

生无已,爱无穷也。异无已,美无极也。成无已,仁无尽也。

——摘自《吕凤子研究文集(第三辑)》(2006年版)

解读: 教育是爱的事业。凤先生认为教育就是要就己成己,由己及人,做到爱一切己。"我们要从爱完成每个自己。"他认为教师首先要爱自己,还人为人,己异并存。成己,就是成就每个自己,包括自己在内,使一切己成为爱的对象,使一切己具有道德意志。成人成己是爱的行动,离开爱的鉴赏无所谓美,离开爱的行为无所谓道德。凤先生认为教育者要具备美的境界,只有在这至善的境界里才能发现道德的境界,企图在美的境界外发现道德境界,那是妄想。

我们每个同学能够做到尽量发展各个不同的个性,尽力而生,自会感到生的趣味和幸福,再不会有人间怨恨和悲哀。我们学校也就成为鼓舞欢欣、生气充塞的处所,正如秋月光华照耀人间,你们看美不美,所以说正则正如秋月华,美呀。

——摘自《吕凤子传》(1992年版)

我们现在提倡美育,便是要构成社会的任何个人都能各尽其变各竭其能,而在谐和状态中,便是因现在社会愈演愈不谐和,愈变愈丑恶,原因在少数强者要他人信仰己说,服务己命,以便私图。强把社会分成若干阶层,若干集团,而导致相互残杀,致使人们好杀成习,致使人们好威权,好享受,好做人上人的欲求,浸成普遍而又最强烈的要求,这样变下去,恐怕人类会绝灭。

——摘自《吕凤子传》(1992年版)

我办达德学校的宗旨是要有学问、有道德、有勇气,智、仁、勇三者,天下之达德也。好学近乎智,力行近乎仁,知耻近乎勇。

——摘自《吕凤子传》(1992年版)

每个人的思想境界,各不相同。我的画,永远属于我的。你们无论模仿得怎么像,还是我的东西,与你们无涉。你们应该画你们自己的,发挥自己,成就自己,我不过引你们上路而已。千万不要跟在我后面,被我淹没。

——摘自《吕凤子研究文集(第一辑)》(2000年版)

我个人绝对尊重各人的异,成就各人的异,你们在修养上必须穷物之理,尽人之性,而后心物冥合,才能有所创意。

——摘自《吕凤子研究文集(第一辑)》(2000年版)

我们是永在的创造文化的力量。我们要从不息的劳动满足生的欲求。我们爱一切己,不仅爱自己。我们要从爱完成每个自己。我们要从争表暴爱的力量。我们要从鉴赏一切认识一切。我们认为始终基于鉴赏行为是最有价值的行为。

——摘自《吕凤子研究文集(第一辑)》(2000年版)

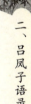

我所说的美育，是要学者从破执入手，以祛其私，而尽其美，得图实现万异并存并成的美的社会。

——摘自《吕凤子研究文集(第一辑)》(2000年版)

解读：即承认差异，尊重差异，善待差异，包容差异，根据差异因材施教。同时，对所有具有不同差异的人，都要"祛其私""尽其爱"，不能"成此蔑彼"。

美术，是人们追求美的一种成物或事的活动。成物叫做美术作品，成事叫做人生制作，实则是同样的艺术活动或艺术制作。活动成物止于个个，活动成事每贯一生。

——摘自《吕凤子研究文集(第一辑)》(2000年版)

如果所有的人说的话，都千篇一律，那么都把人听腻了，谁还听哩？如果说听一次音乐会，所有歌唱者都唱着一首歌曲，那么谁还愿意坐在那里听不走哩？我们作画又何尝不是这样，所以一定要变，而实际上人的思想都在不停地思索、体会、追求，人的知识和经验，也随时都在增加，所以作画的方法与思想也很自然地在不知不觉中转变和更改。就好像一个人由孩提变少年，再进入中年，最后步入老年，一样的在成长，在变易。

——摘自《吕凤子纪念文集》(1993年版)

解读：可见凤先生认为美育是一种"爱"的教育，求和而止乱，人与人之间互相尊重，相敬相爱，相和而生，这是其美育的宗旨。

作画的思想及方式,也会因为年岁的增长,对大自然的感应及情感的表达,都不可能容许你永远一毫不变地停留在一个固定的形象和阶段中,所以一定要变,千万不可以拿前辈画家的思想为你的思想,祖宗说的话,千百年后你也跟着在说同样的话。错了,你一定要站在时代的立场上,说你自己的话,绘你自己的画,做一个有性格有风格的画家,这就是每个画家作画的精神和目的。要想达到这个目的,就得有教徒殉教似的精神和干劲,要有长期的耐心和毅力,时刻都要对物、事和人作深刻的观察和钻研,然后敢于大胆地创造,突破前人,树立自己的独特风格。

——摘自《吕凤子纪念文集》(1993 年版)

人类教育绝对的目的,为达到人类完全幸福。

——摘自《吕凤子》(纪念吕凤子诞辰一百周年大会专刊)

社会秩序如不能建立,人们相处,不能相安,教育目的便未由达到。

——摘自《吕凤子》(纪念吕凤子诞辰一百周年大会专刊)

谋安宁。要求大家要团结友爱,不打人骂人;平素按时到校,勿迟到早退;上课时说话先举手,虚心听别人发言;参加集体劳动,做到互相帮助,互相尊重。

——摘自《吕凤子文集》(2005 年版)

二、吕凤子语录

谋幸福。规定人人有上学权、劳动权、工作权,贫苦者给予奖学金;设置活动场所和游戏器械;定时作息;疑难有教师帮助、同学互助等。

——摘自《吕凤子文集》(2005 年版)

谋快乐。下课后可自由唱歌和跳舞;周六下午或晚上参加文娱会、故事会等;体育课、音乐课、美术课,让学生抒发所长,各爱所好。

——摘自《吕凤子文集》(2005 年版)

动变无极,斯曰生。生万斯殊,斯相待而异其动姿其变。故曰,生有能焉。

——摘自《吕凤子》(纪念吕凤子诞辰一百周年大会专刊)

解读:凤先生的美育思想中渗透了许多佛学文化。

思,谓在内有组织的活动。事,谓在外有组织的活动。

——摘自《吕凤子文集》(2005 年版)

任何人合理的活动,都是在求改善和的方法,建立和的秩序。

——摘自《与太阳的对话》(2011 年版)

美在异,美在一切生的谐和变幻。

——摘自《与太阳的对话》(2011 年版)

善无不美,美无不善。

——摘自《与太阳的对话》(2011年版)

教育是人间活动最后有组织的活动。

——摘自《与太阳的对话》(2011年版)

爱者,顺之本,争所依也。

——摘自《吕凤子》(纪念吕凤子诞辰一百周年大会专刊)

解读:爱的教育,是顺应儿童个性与才华自主发展、合理发展的根本,是一切己在人生旅途中力求实现人生价值的依靠。

离开爱的鉴赏无所谓美,离开爱的行为无所谓道德。

——摘自《与太阳的对话》(2011年版)

生有则,惟求适,适益求适。

——摘自《与太阳的对话》(2011年版)

(四)教学观

画者化也。就画的本身说叫道化,就画的状态说叫梦化,就画的成形说叫物化,就忘心而入于道而合于道,或忘己而合于天说叫我化。总括说叫自然化,又叫以天合天……依据这个定义构成的画,我们叫他做自然主义画……自然主义画的质,是同于生理生则的感,和同于生

理生则的想,即直接感想。……自然主义画的形,是入于天而后……即生理生则具体的显现。

——摘自《吕凤子研究文集(第二辑)》(2005年版)

中国画一定要以渗透作者情意的力为基质,这是中国画的特点。所以中国画最好要用能够自由传达肩臂腕力的有弹性的兽毫笔来制作,用手指或其他毛刷……不能用来代替毫笔……作者在摹写现实形象时,一定要给予所摹形象以某种意义,要把自己的感情即对于某种意义所产生的某种感情直接从所摹形象中表达出来,所以在造型中,作者的感情就一直和笔力融合在一起活动着;笔所到处,无论是长线短线,是短到极端的点和由点扩大的块,都成为感情活动的痕迹。

——摘自《吕凤子研究文集(第二辑)》(2005年版)

凡表示愉快感情的线条……总是一往流利,不作顿挫,转折也是不露圭角的。凡属表示不愉快感情的……线条,就一往停顿,呈现一种艰涩状态,停顿过甚的就显示焦灼和忧郁感。有时纵笔如风趋电疾,如兔起鹘落纵横挥斫,锋芒毕露,就构成表示某种激情或热爱、或绝忿的线条。

——摘自《吕凤子研究文集(第二辑)》(2005年版)

应该知道线是点的延长,块是点的扩大;又该知道点是有体积的,点是力之积,积力成线会使人有"生死刚正"之感,叫做骨。"生死刚正谓之骨",没有力或力不够强的线条及点块,是不配叫做骨的。

——摘自《吕凤子研究文集(第二辑)》(2005年版)

物成,有成物之理。形生,有生形之则。成物之理不随着环境变迁而常变,叫常理。生形之则随着环境变迁而常变,叫做变则。变基于常,常寓于变。

——摘自《吕凤子研究文集(第二辑)》(2005年版)

中国画特有的运笔技术即运力技术,故须永久保存,但除笔外,其他合用工具,未尝不可兼用。昔有用莲房、纸筋、败刷、棉花、手指等为助者,嗣后作者当亦有新工具发现。

——摘自《吕凤子研究文集(第二辑)》(2005年版)

美术制作所成者是作者自己的异,美育所在者是一切被成者自己的异,这是最要弄清楚的。

——摘自《吕凤子研究文集(第二辑)》(2005年版)

艰难定稿,迅速成图。

——摘自《吕凤子研究文集(第二辑)》(2005年版)

总之,形色与光,嗣后皆应愈趋简单显著,这是我依据变的历程及环境所需求的推测;至现在一班大师小师太师少师所争的中西合璧、中日分家,都是些不成问题的

废话,适足表现他们不知道中国画是如何一回事。

——摘自《吕凤子研究文集(第三辑)》(2006年版)

图画创作的全部过程统称构图。包括从计划到实践,即从"立意""为象",到"写形""貌色""置阵布势"的全过程。"立意"和"为象"是讲创作步骤(其中也包括技术要求;"写形""貌色""置阵布势"是讲创作技巧。)"立意""为象"是说作者对于现实事物有了某种理解,某种感情,准备用具体的形象把它表达出来。即有了画题,准备造作可以表达题旨的具体的形象。这是第一步。这个准备造作的形象,当然是现实事物形象的摹写,不是凭空杜造的形象。但也不是照相,而是经过作者的脑力加工而后形成的艺术形象,是源于生活而高于生活的。这种在意识中构成的新形象叫做"意象",俗称腹稿。这是第二步。初构成的"意象"常是不确定,不清晰的,必须经过多时多次改作,才逐渐成为明确的、充分反映瞬间的客观对象的形象。这是第三步。"立意""为象"过程到此才算完了,也就是创作计划到此才算完成。

——摘自《吕凤子画鉴》(1996年版)

不注意内容表现,徒注意形式结构的趣味是错误的。但在注意表现已竭能事,或在无碍表现的条件下,兼注意形式结构的趣味是可以的。所谓形式结构的趣味,即元朝以后画人最喜说的笔墨趣味,是指利用笔墨的刚柔、粗细、繁简、燥湿、浓淡、明暗等对比成趣而说的。这和内容的表现虽无直接关系，但能增加形式美，也就间接增强形的感染力。所以说，在不妨碍表现的同时，注意及之是可以的，不仅可以，有时还至感需要。

——摘自《吕凤子画鉴》(1996年版)

在观物时就要做到心有全貌，非集中注意来观察全形而默记之不可。练习观察一定要做到在极短的时间内就能把经过分析而复合的全形清晰地记住，一直写到过程终了以后，和谢赫貌写人物一样，只须一览便无遗失。这样在笔下出现的便会是精简过的整个形了。

——摘自《吕凤子研究文集(第四辑)》(2009年版)

面对自己的作品，不要有"孩子总是自家的好"的狭隘观念，画家要能站在观众的角度，来冷静审视自己的作品，平时看画展要多注意发现别人作品中的优点，吸取各家之长为我所用，而别人作品中的缺点则要引以为戒。

——摘自《吕凤子研究文集(第四辑)》(2009年版)

指画的变化神妙，非笔所能及。但初学者不宜用指，应用毛笔羊毫。

——摘自《吕凤子传》(1992年版)

我国传统的刺绣工艺，在沈寿之前主要是以图案、中国画和书法为粉本，以摹古为能事。而沈寿的"仿真绣"虽融西画肖像仿真的特点于刺绣中，但终因绘画造诣不

深和传统刺绣技法的限制,无法进行创造和再创造。作者的思想感情和事物的内在精神也无法通过针线得以表达。

——摘自《吕凤子传》(1992年版)

中国的水墨画,不仅要懂得用墨,而且要懂得用水,使水墨交融。

——摘自《吕凤子传》(1992年版)

作画也同理,靠平时观察、记忆和丰富的想象力。

——摘自《吕凤子传》(1992年版)

书写的工具和姿势不同;纸质、笔毛的软与健,墨的浓和淡等,都足以影响书写的效果,尤其是书写姿势的改变。唐朝以前的人是席地而坐的,几案只有一尺半高,写字时左手拿卷成筒状纸,右手运笔(两手都悬空),或者把纸平放在几案上,右手执笔管的顶端,空悬不着纸与案写字,也就是悬肘,运臂而不运腕指,臂力比腕指的力大,所以字写得灵动有劲。唐以后有了座椅,几案升高了,右手有了着落,写字不再悬肘,执笔也近毛部,自然用起腕和指来了。所以唐以后书法不如唐以前好,因为运指的字往往柔弱。

——摘自《吕凤子传》(1992年版)

学习书法应从篆隶入手,先打下刚劲古朴的基础,然后求变求新。要学古而不流于古,要融各体之长,形成自己的书法风格。

——摘自《吕凤子传》(1992年版)

对于古人的画,要仔细研究它的结构布置,笔墨色彩和整个画的意境。可以临摹,即"转移模写",这也是六法之一。但如果把古人的一山一景,拿来东拼西凑,矫揉造作,那就大谬特谬。初学山水,也可从单山片石、一草一木练习入手。

——摘自《吕凤子传》(1992年版)

一幅画和一个人一样,都有它的长短处。现在的问题就是要提高你们的艺术修养,有了基本功和辨别力,学得越广泛越好。《史记》之所以写得出色,就是由于司马迁读的书多,走的路多。绘画也同理。我并不希望你们抱着我的画法不放。博采众家之长,才能博大精深,成为大家,不要染上小家之气。以后你们还要劈"师法自然中得心源"的功夫。

——摘自《吕凤子传》(1992年版)

画形容易画灵难。画形只要把所取的景和形画得惟妙惟肖,即是一幅好画。而画灵,可不是那么容易,你必须用主观的意念来组织画面,注入作者的精神。

——摘自《吕凤子传》(1992年版)

多读书以充学养,以高气质;多写字以练线条,以习

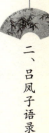

布白;多看名家精作以明其用心致力求变处;多游名山大川以开眼界,以扩胸襟;其后还得自己勤奋作画,捕捉各家的神韵,表现自我。若是仅做到前四则,只能成为一个鉴赏者,而不是一个画家。

——摘自《吕凤子传》(1992年版)

想做一个真正的好画家,可不是一件容易的事,一定要有长期的耐心和毅力,要多读、多看、多写,读要读得活,看要看得透,写要写得如自己的意。作画要有创作的意志,随时随地都要对四周的物象作深刻的观察,去体会和领悟,对大自然也要随时去写生,这些都是做一个画家所必须具备的条件,和必经练习的途径。但是作画时,可不是一丝不变的去抄袭你所看到的景物,而是要你实现自己的感触来作成画,切忌在前辈名家那里去抄袭几张构图的样子,就沾沾自喜。作为一个画家,一定要懂得自尊、自重和自信这三件事,才能跳出前人的样本,不会墨守成规,一成不变的去抄袭。

——摘自《吕凤子研究文集(第二辑)》(2005年版)

作画不是为绘画而绘画,要懂得艺术是靠精神内质,这个精神内质就是人。人的美好,人的尊严。画什么不能冷漠地无动于衷地表现物象,而是要在这作品中通过笔墨,以真挚的情感和深潜的思想来感动观者,引起人们的共鸣。

——摘自《吕凤子研究文集(第二辑)》(2005年版)

学花鸟画要多写生,满足临摹不行,要师法造化,写生更能掌握对象的结构和外形特征。临摹与写生相结合,学习才能更进步。

——摘自《吕凤子研究文集(第二辑)》(2005年版)

"以形写神"仅仅是中国画的表现方法,而"写神致用"才是创作的最终目的。

——摘自《吕凤子研究文集(第三辑)》(2006年版)

"致用"必须要以"人"为中心,人是大千世界的主体,只有在创作中展示人的实践活动和精神面貌,才会充分体现出"致用"的感召力和社会效益。

——摘自《吕凤子研究文集(第三辑)》(2006年版)

宋人善花鸟者,多承黄法,黄则强勒婉钩,仍用唐前所谓棉里针法,元来始竟肖徐崇嗣没骨。画骨以定形,没骨取动荡,固各有所长也。勾勒易如刻画,生趣不发。泼墨与色,易常失形而流于放肆,学者但取其所长可矣。

——摘自《吕凤子研究文集(第三辑)》(2006年版)

先生豪肆不能状花鸟,以绝少闲情趣故。然偶一为之,亦颇不生硬。婉勒经旬,杂用大小篆法,其中有精,亦颇可玩味,貌似宋人,其实亦异。先生自赏其腴不痴,秀有韵,虽不谓自写胸中逸气,要与流俗殊趣。

——摘自《吕凤子研究文集(第三辑)》(2006年版)

　　写册子得十页,尽拟人相,无明人俗韵。亦无取唐宋笔画,掉簪锋,拟章草,取神而已。

　　　　　　　　——摘自《吕凤子研究文集(第三辑)》(2006年版)

　　中国画从用方面说,是分两类的:一类即……无为而为的画;一类是……以个人情意作内容的画。倒是又一类画一向善写所谓劳心者光明行为,实有推广注意范围的必要。西方人造作的远近法,难道中国人就不配知道和造作吗?

　　　　　　　　——摘自《吕凤子研究文集(第三辑)》(2006年版)

　　不注意内容表现徒注意形式结构的趣味是错误的,但在注意表现已竭能事,或在无碍表现的条件下兼注意形式结构的趣味是可以的。

　　　　　　　　——摘自《吕凤子研究文集(第三辑)》(2006年版)

　　观殷初文字大小参差,间以图画(象形字),以全文为一字,每个字与字间就已具有巧妙的组织,相互照应,一气贯通。由此看来,可谓"书画同源"……凡习中国画者不可以不从研究书法入手。

　　　　　　　　——摘自《吕凤子研究文集(第三辑)》(2006年版)

　　一画一形。

　　　　　　　　——摘自《吕凤子研究文集(第一辑)》(2000年版)

画非图私利，必也先忘己，忘己入于物，方悟成形理。

——摘自《吕凤子研究文集（第一辑）》（2000年版）

容势外张而当气，容势内敛而当神。

——摘自《吕凤子研究文集（第一辑）》（2000年版）

解读：张、敛是吕凤子"置陈"的手段，得势是其目的，是求得画面和谐统一的艺术效果。

感同也，思殊、嗜殊、意象殊，我在也。曰画，同也。风殊、术殊，我在也。我廓有极殊，集众殊是曰大家，我仍在也。我在，虽欲无殊，不可得也。故曰：殊者，势也，生之力所由奋，形之成所由极其变也。学才知所以殊，不矜知所以在我不画。斯可与言画矣！

——摘自《吕凤子研究文集（第一辑）》（2000年版）

构成宇宙的本质或本体是力。

——摘自《吕凤子研究文集（第一辑）》（2000年版）

生生不已若有生欲，生复生生若有争焉。

——摘自《吕凤子研究文集（第一辑）》（2000版）

解读：生死心不切，若真为生死之心不发，一切开示皆为戏论，从海贤老和尚反省我们求往生的信愿。

式虽有别，而取势用意则同，必求做到取势得势，用意得意。

——摘自《吕凤子研究文集（第一辑）》（2000年版）

工画者多善书,工书者不必多善画。

——摘自《吕凤子研究文集(第一辑)》(2000年版)

用笔应该是指怎样使力和感情相融合的技巧,不光是指使笔与力相结合的方法。

——摘自《吕凤子研究文集(第一辑)》(2000年版)

用笔练习主要是勾线练习,这是中国画的基本练习。而勾线技巧,即是使每一有力的线条都直接显示某种感情的技巧,是中国画的特有技巧。

——摘自《吕凤子研究文集(第一辑)》(2000年版)

油画作画的时候注重色彩,因为形体在素描的时候已有了相当的练习。同时,用笔的有力,也和国画一样,不要把笔毛全部着画,用笔的有力悬空,并不是把笔使劲地在布上进行。画面可以模糊,可是主要的地方还是要强调几笔,则更有趣。

——摘自《吕凤子纪念文集》(1993年版)

"写神""致用"的画是一向重视"形似",且是非常重视"形似"的。

——摘自《吕凤子纪念文集》(1993年版)

骨气形似皆本于立意,而归乎用笔。

——摘自《吕凤子》(纪念吕凤子诞辰一百周年大会专刊)

解读:此处强调了立意与用笔的关系。

中国画是永远以骨为质的,这是中国画的唯一特征。
　　　　　　　——摘自《吕凤子》(纪念吕凤子诞辰一百周年大会专刊)

色淡则明,色浓则暗,色是皆可因明暗浓淡的不同而分作若干同种色的。
　　　　　　　——摘自《吕凤子文集》(2005 年版)

画必有其内容,画的基本内容是感想。内容隐现与感想繁简恒成正比,然非不可使隐晦者渐趋显著。
　　　　　　　——摘自《吕凤子文集》(2005 年版)

画中各单位,必使于调和中保持其独立。形之联系,色之配合,因作者感想之殊每异其结构,但必以不失去各形色之特质为归。
　　　　　　　——摘自《吕凤子文集》(2005 年版)

运用笔画,熟则流畅而繁简自由,艰则凝练而务简,应顺变任机,勿固执一得。
　　　　　　　——摘自《吕凤子文集》(2005 年版)

学者知所以殊,不矜知所以成我不画,斯可与言画矣。
　　　　　　　——摘自《吕凤子文集》(2005 年版)

画天空宜用巨笔,饱含色水,自上而下涂之,至地平线为止。
　　　　　　　——摘自《吕凤子文集》(2005 年版)

二、吕凤子语录

表现某种感情的画，一定要用直接抒写某种感情的线条来构成，说表现任何内容的中国画都应该用最美的没有粗细变化的圆线条来构成也是片面的。

——摘自《吕凤子文集》（2005年版）

成画一定要用熟练的勾线技巧，但成画以后一定要看不见勾线技巧，要只看见具有某种意义的整个形象，不然的话，画便成为炫耀勾线技巧的东西了。

——《摘自吕凤子文集》（2005年版）

"用笔"练习——主要是勾线练习，被认为是中国画的基本练习。而勾线技巧，即使每一有力的线条都直接显示某种感情的技巧，也就被认为是中国画的特有技巧。

——摘自《吕凤子文集》（2005年版）

（五）教师观

文人理应当互重，不应该相轻，同行更不应是冤家，应该是亲家，才能互勉共励求进步。

——摘自《吕凤子研究文集（第二辑）》（2005年版）

我们理想中的教师是这样的：
——能鉴赏认识一切己之异；
——能建立容一切己之秩序；
——能绝一切私欲；

——能以血泪洗涤一切罪恶。

——摘自《吕凤子研究文集(第二辑)》(2005年版)

解读："能鉴赏认识一切己之异"，指教育要就异成异，要能群异并存并成，不能成此蔑彼。教育者要能成为艺术家，能鉴赏一切的异者；要能志为哲学家，能知一切异者。"能建立容一切己之秩序"，凤先生确立的"三谋"秩序，保证了学校的正常秩序，较好地落实了有计划进行教育。"能绝一切私欲"，因为私欲是人创造文化的物障，要由强遏以至祛除，才能实施就异成异，万异并存并成的美育。"能以血泪洗涤一切罪恶"，这是指能坚决、彻底地纠正错误。

老师是引你们上路的，路要你们自己走出来。如果只"师古人"，不"师造化"，所谓个人风格和时代气息，就无所依托，无从产生。

——摘自《吕凤子传》(1992年版)

教师育人，言传身教，身教重于言教，凡事自己带头干，这是无声的命令，好比今天搬菊花。

——摘自《吕凤子传》(1992年版)

生者爱美。

——摘自《吕凤子研究文集(第一辑)》(2000年版)

解读：爱美是人的本性。

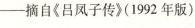

我们要热爱学校才能把学校办好,要热爱学生才能教好学生。

——摘自《吕凤子纪念文集》(1993年版)

昨天你们问好的教育方法,这很重要,教师育人,言传身教,身教重于言教,凡事自己带头干,这是无声的命令。

——摘自《吕凤子纪念文集》(1993年版)

我能用书,不为书用。

——摘自《与太阳的对话》(2011年版)

解读:教育者,不能被书本牵着鼻子走,而要结合实际,充分科学地利用书本,寻求合理的教学手段和方法。

教,行乎自然,止于尽性。

——摘自《与太阳的对话》(2011年版)

解读:教育,应不违背自然发展,顺应孩子的本性。

教师要成为美的表现者,要在美的境界中发现道德境界。

——摘自《与太阳的对话》(2011年版)

(六)学生观

聪明,不要被聪明所迷惑;活泼,不要被活泼所迷惑……

——摘自《吕凤子传》(1992年版)

你们要为时代创作,不求学我。

——摘自《吕凤子研究文集(第一辑)》(2000年版)

世间要学的东西太多太多了,只要你们存有学习的心愿,随时随地都有学问可学。知识不一定要到学校,在书本上去学才算是学。

——摘自《吕凤子纪念文集》(1993年版)

在做学问之前,要去学得做人,做人要懂得谦虚,千万不可自满,学问是学到老也学不了的。到那广大美好的自然界中去仔细研究学习,可是又要小心注意摆脱自然景物的约束,要依照每个人的性灵来表达物象的形,那么才不至于是自然景物的翻版。若是可以做到了自然和内心的共鸣而绘的画,这样的创作表现,才能算得上是一幅上乘的画,画家的自尊、自重、自信,才能在画面上表达出来,才能算得上一个有性格有独特风格的画家。

——摘自《吕凤子纪念文集》(1993年版)

二、吕凤子语录

三、吕叔湘语录

教育家吕叔湘

（一）教育观

立定脚跟处世，放开眼孔读书。

语言之妙，妙不可言。

——1986 年为丹阳县中学（现为吕叔湘中学）图书馆落成题词

求真能贱。

——1987 年在丹阳市中学（现为吕叔湘中学）全体师生大会上赠言

做人要做正直的人，有理想的人，有事业心的人，凡事要先公后私，先人后己。愿与诸同学共勉之。

——1990 年为丹阳市中学（现为吕叔湘中学）校庆 65 周年题词

解读：吕叔湘始终把做人放在教育的首位,认为培养有事业心的人是教育的灵魂,与党中央指出的"坚持育人为本,德育为先,把立德树人作为教育的根本任务"的教育要求高度一致,这说明吕叔湘的教育观是科学的,具有引领教育发展和改革的意义。实现中华民族伟大复兴的中国梦,必须坚持教育优先发展,必须把立德树人作为教育的根本任务。

我们给学生讲历史、讲地理,也并不完全是为了实用,有些史地知识,也不一定有实用意义,但是我们要讲,不仅因为这是应该具有的常识,也因为可以通过它进行爱国主义教育,让学生热爱祖国的山河大地,对祖国的悠久的文化传统产生热爱。我们讲语文知识也一样,要让学生通过祖国的语言文字产生对祖国的热爱。

——摘自《吕叔湘全集》第十一卷(2002年版)

解读：知识传授和德育渗透是水乳交融的,语文教育更是如此,因为语言是民族文化的载体,是民族文化传承的基因,因此,语文教育在提升民族意识、激发爱国情感和集聚向心力方面发挥着不可估量的作用。

现在讲文明、讲礼貌,既见之于行动,也见之于语言,这已经有很多同志谈过,不用我多说了。我只想强调一点,就是,行动也罢,语言也罢,都要有情意做基础,都要发自内心,也就是所谓"诚于中而形于外"。如果不是发自内心,那么,对方无非看到一些姿势,听到一些声音而

三、吕叔湘语录

已,感觉不到其中有什么情意。这样就失去我们讲文明、讲礼貌的本意了。

——摘自《吕叔湘全集》第十三卷(2002年版)

中国有句古话,叫做"衣食足而后知廉耻"。这句话看来也有理,其实很片面。第一,它叫还在贫困之中的人可以不讲文明礼貌,这便只能永远安于落后者群;第二,当前不少不讲文明礼貌的言行,并非出于衣食不足……由此观之,没有精神文明,即使衣食足了,也只能是个不义之行充斥的社会,现今世界上不少表面上是天堂而实际却接近地狱的地方,已经作出了事实证明。

——摘自《吕叔湘全集》第十三卷(2002年版)

我还是相信孔老先生的话:"修辞立其诚。"就是说,不管是写人、写事、写物、写景,写的都是自己的观察,自己的感受;不玩弄词语,不玩弄读者。有了这个前提,这才可以谈这风格那风格。否则只会成为假古董。

——摘自《吕叔湘全集》第十二卷(2002年版)

有人说,讲文明礼貌要抓大事,这些小事不值得计较。我说不然。大事小事,思想基础是一个。你是只想到自己啊,还是也想到别人,或者首先想到别人。老想着有别人,形成好习惯,生活上常常想到别人,工作中也就自然而然地想到别人。想到顾客,想到用户,想到来信、来访的人,想到一同工作的同志,想到应当为之服务的人民。说到日常生活中不想到别人的人,在工作中会念念不忘"为人民服务",我不敢说绝对不会有这种事情,但是我要说:"怕是未必!"

——摘自《吕叔湘全集》第十三卷(2002年版)

"实事求是"这四个字是常常听在耳朵里也常常挂在嘴上的,要真正做到实事求是也并不容易,以研究工作而论,"实事"就是要掌握材料,材料要可靠,并且要尽可能全面……"求是"就是找出规律……"求是"还有另一方面的问题。有的同志做工作急于求成,思索一个问题的时候,灵机一动,"如此这般",很快就有了结论。遇到不符合他结论的事实就想方设法把它解释掉,不愿意修改他的结论。这样"求"出来的"是"就靠不住了。归总一句话,"实事求是"四个字看似容易实艰辛,在实际工作中时刻想到它是有好处的。

——摘自《吕叔湘全集》第十三卷(2002年版)

我觉得要推动我们的研究工作,需要处理好四个关系,就是中和外的关系,虚和实的关系,动和静的关系,通和专的关系。第一个问题是中和外的关系,也就是中西结合的问题。很多学科有这个问题,比如美术有中国画和西洋画的问题,音乐有民族音乐和西洋音乐的问题,医药方面有中医西医的问题,语言学也有这个问题。

——摘自《吕叔湘全集》第七卷(2002年版)

《史通》的作者刘知几说"史有三长：才、学、识"，我觉得这三个字适用于一切研究工作。能够发现问题是识，能够占有材料是学，能够驾驭材料是才……科学就是要在纷纭复杂的现象中寻找规律性的东西。如果目中无纷纭，只在二二得四、三三得九上做文章，到头来有何结果？

——摘自《吕叔湘全集》第十三卷（2002年版）

读别人的东西时记住结论当然重要，而了解他是怎样得出这个结论来的就更为重要。那些文章的结论不一定有多大价值，但在方法上也可有供参考处。

——摘自《吕叔湘全集》十九卷 吕冀平《薪尽火传不计年》（2002年版）

重要的是学习西方学者研究语言的方法，而不是套用他们的研究成果。

——摘自《吕叔湘全集》第十九卷（2002年版）

画地为牢不是好办法，目光局限，不利于进步。

——摘自《吕叔湘全集》第十九卷（2002年版）

理论从哪里来？从事例中来。事例从哪里来？从观察中来，从实验中来。我们说理论从事例中来，在一定程度上也可以说事实，也就是材料决定理论。如果没有感性知识做基础，那个理性知识就靠不住，就是骗人的玩意儿。正确的理论能引导人们去发现事实。

——摘自《吕叔湘全集》第十九卷（2002年版）

我们正在进行社会主义现代化建设,需要学习科学和技术,这不成问题。问题是光有科学和技术够不够?不论是科学技术工作、经济工作、政治和其它社会工作,都得由人去做,没有现代化的人,一切良法美意也都无法实现。怎样培养现代化的人,这又是需要研究的课题。可见要讲现代化,决不能局限于科学技术现代化。

——摘自《吕叔湘全集》第十三卷(2002年版)

解读: 吕叔湘提出一个教育的根本问题:教育到底培养什么人?这是教育的本源问题。在功利主义、短视眼光和狭隘思想的影响下教育常常偏离正确的轨道。吕叔湘作为教育家关注现实教育、提出问题的务实精神和拨云见雾的分析问题本质的态度,在当下仍有现实意义——呼唤教育的回归。

对"三个面向"的诠释:

第一个面向,面向现代化。什么是现代化?最简单扼要可以概括为高效率,也就是高速度加高精密度。

第二个面向是面向世界。面向世界意味着大范围内的国际化。

第三个面向是面向未来,未来的世界怎样发展,现在还难说得具体,但是可以肯定的是未来将要比现在更加现代化,比现在更加国际化。

——摘自《吕叔湘全集》第十一卷(2002年版)

解读: 吕叔湘对"三个面向"的诠释也体现了他对教

育的理解：高效率、国际化和长远视角。

（二）教学观

扎扎实实当然很好，可是，不能把死记硬背看做"实"，要看你对"实"字怎么理解，实得聪明还是实得笨。对"实"，我们要肯定，但还要加个字，要"活"，要实而不死，实而能活，这样效果就很好。怎么能做到这点，那就要看教师的本领了。有的教师把课教活了，学生感兴趣，效果就好。有的教师不善于启发，只会让学生死记硬背，学了不能用。

——摘自《吕叔湘全集》第十一卷（2002 年版）

中国有句老话叫做"定法不是法"。这句话的意思不是让人做事不讲方法，方法要讲，但是不要把它讲死了，要把它讲活。什么叫做讲活了？就是要一方面坚持原则，一方面又能适应当前情况……我也打算讲个"实"字。我们这个函授大学，要从实际出发，达到一个实用的目的。

——摘自《吕叔湘全集》第十二卷（2002 年版）

解读：吕叔湘提出的"实""活"的教学方法，意蕴深厚。他在"文革"后经过观察、调研和思考后，更加强调"活"的教学方法。20 世纪末以来，我国进行了几轮如火如荼的课程改革，最近的第八次课程改革其动因是面临的社会环境已经变了：在知识经济时代、信息社会中，知识以人们无法想象的速度在增加和更新，一个人若不想被淘汰,就必须不断学习、终身学习。课程改革的一个重要内容就是改变"死"的教学方法,强调"活"的教学方法。只有在教学中扎扎实实开展"活"的教学方法才能培养出国家建设的创新型人才。

……把机器变成人,现在还只有初步的成效,正在朝这个方向努力。可是现在我们有的教师却把人教成机器,适得其反。有个比方很好,就是要把学生教得像海绵一样,放在水里就吸收水,放在酒里就吸收酒,因为它们到处都是空隙,往哪儿都能吸收。这种学生哪怕在学校里学到的知识不是很多,但是他有吸收知识的能力,将来能时时吸收,前途无量。我们一定要把学生培养成能够随时随地吸收知识的那种人,光有很多知识也还是不够,还要把知识化成能力,就是能活用……我们总得朝这个方向努力,就是把学生教活,教成有吸收能力的人。

——摘自《吕叔湘全集》第十一卷(2002年版)

在校学习的时期是打基础的时期。根要扎得深,芽要有活力,以后成长起来是很快的。如果扎根不深,即使看上去好像已经枝叶扶疏,实际上不容易再往上长。换一个比方,我们可以或者把学校当作一个批发商店,让学生来批购货色,或者把学校当作一个实习工厂,让学生来学着干活,这两种看法会产生不同的教学方针,也会得出不同的教学效果。

——摘自《吕叔湘全集》第十一卷(2002年版)

论起来,这"教是为了不教"的道理,不但适用于语文教学,也适用于一切知识和技能的教学。什么叫做教育?教育就是诱发学习者的积极的、主动的努力,这几乎是所有教育家的一致意见。

——摘自《吕叔湘全集》第十一卷(2002年版)

教学,教学,就是"教"学生"学",主要不是把现成的知识交给学生,而是把学习的方法教给学生,学生就可以受用一辈子。

——摘自《吕叔湘全集》第十一卷(2002年版)

关于教学法……最重要的一点是调动学生的主动性、积极性,把以教师讲为主变成以学生学为主。

——摘自《吕叔湘全集》第十一卷(2002年版)

总之,学生的学是被动的,教师的教也是被动的,都是为了"完成任务"。要问为什么这么教,为什么这么学,说不出多少道理。既然是被动的事情,自然说不出个所以然。且慢,有教师同志说话了。他说:"请问,不这么教又怎么教?"我的回答:总的原则是变被动为主动,学生要主动的学,教师要主动的教。

——摘自《吕叔湘全集》第十一卷(2002年版)

我觉得教大学生决不应该满堂灌,不要希望在四年里边塞满填足,够他一辈子用的。要培养他自学的能力,让他不断自己充实,自己提高。到了三年级就要练习做小题目,学会搜集材料,分析资料,熟悉文献,学会写科学论文的格式和程序。这比多记住几个事实,多背诵一些条条更重要,重要得多。

——摘自《吕叔湘全集》第七卷(2002年版)

现在大家都重视方法问题,讨论方法问题,这是一个进步。一门科学只有当他快要成年的时候才会提出方法问题。对方法应当有怎样的要求呢?首先要求它合乎辩证法的原则,要有全面观点,要有发展观点。这些都用不着在这里多说。我打算只提出三点来请教。第一,方法要适应材料。哪种材料适用哪种方法,这是很重要的。第二,方法要能使人人用来结果相同。第三,我们要求方法的运用要有一贯性。

——摘自《吕叔湘全集》第十三卷(2002年版)

教师培养学生,主要是教会他动脑筋,这是根本,这是教师给学生的最宝贵的礼物。就是给他一把钥匙,他拿了这个钥匙能够自己开箱子、开门,到处去找东西。你不给他这个钥匙,那有多少宝贝他也没有法子拿到手。

——摘自《吕叔湘全集》第十三卷(2002年版)

教学法应该允许有所不同,可以是教法不同而效果很好。戏法人人会变,各有巧不同嘛。

——摘自《吕叔湘全集》第十三卷(2002年版)

一种事物的特点,要跟别的事物比较才显出来……语言也是这样。要认识汉语的特点,就要跟非汉语比较;要认识现代汉语的特点,就要跟古汉语比较;要认识普通话的特点,就要跟方言比较。

——摘自《吕叔湘全集》十九卷(2002年版)

还有一个口号,叫做先生苦教,学生苦学。都是苦,那怎么行?我们做事要感动又乐趣,如果不是精神愉快而是愁眉苦脸地在那儿教,愁眉苦脸地在那儿学,效果绝不会好,情绪不对嘛。

——摘自《吕叔湘全集》第十一卷(2002年版)

成功的教师之所以成功,是因为他把课教活了。如果说一种教学法是一把钥匙,那么,在各种教学法之上还有一把总钥匙,它的名字叫做"活"。

——摘自《吕叔湘全集》第十一卷(2002年版)

观察事物和做实验还有一点需要注意:不可有成见。一个人做学问不可能没有一些看法,但是当你进行观察或实验的时候,一定要把你那些看法暂时忘掉。有位科学家说过:"要把一切成见留在实验室的门外。"关于观察,也有人说过:"你只会看到你想看到的东西"。对于反面的例子,有人硬是"视而不见"。当然也有人有意隐瞒,那是不老实,更加不好了。总之,无论观察还是实验,都要把脑子擦干净,让它像一面一尘不染的镜子。

——摘自《吕叔湘全集》第七卷(2002年版)

我有一个印象,喜欢搞理论的人多,肯在观察、实验上用功夫的人少……已故的北大饶毓泰教授曾经深有感慨地说,现在的物理系学生十个有九个喜欢搞理论物理,他们不去想,实验物理跟不上,理论物理也就上不去。然而,没有办法,不搞观察和实验就产生不出理论。

——摘自《吕叔湘全集》第七卷(2002年版)

现在的教学是:讲条条,记条条,背条条。正确的教学应该是:掌握工具(在中文系＝能读、能写),识门径,能动脑筋。昨天收到《读书》杂志今年第二期,在一篇讲物理学家波尔的文章里读到一句话,非常有意思。他说:"解答是死的,问题却是活的。"我们现在的大学生的毛病在于脑子里装满了解答,但是很少问题。

——摘自《吕叔湘全集》第十九卷(2002年版)

(三) 语文教学观

关于语文教学的两点基本认识:第一,我认为每一个做教学工作的人必须首先认清他教的是什么。其次,我认为从事语文教学必须认清学会一种语文的过程。

——摘自《吕叔湘全集》第十一卷(2002年版)

解读:人们对"语文"的解释有多种:"语言"和"文字","语言"和"文学",等等。吕叔湘认为,应取第一义。

"这里说的'语言'是'口语'的意思,这里说的'文字'是'书面语'的意思"。吕叔湘针对当时中小学语文教学过分重视文字、忽视语言的现象提出此观点。

语文教学应该语言文字并举,以语言为基础,以文字为主导,就是说,文字的教学应该从语言出发,又反过来影响语言,提高语言。

——摘自《吕叔湘全集》第十一卷(2002 年版)

使用语文是一种技能,跟游泳、乒乓球等等技能没有什么本质上的不同,不过语文活动的生理机制比游泳、打乒乓球等活动更加复杂罢了。任何技能都必须具备两个特点,一是正确,二是熟练。要正确必须善于摹仿,要熟练必须反复实践。语文课的主要任务是培养学生使用语文的技能,所以一般称之为工具课。教师的任务是指点学生摹仿什么,怎么摹仿,检查学生的实践,是否正确,是否熟练。技能的获得要通过学生的活动,教师是无法包办代替的。

——摘自《吕叔湘全集》第十一卷(2002 年版)

我们语文课的目的是培养学生的语文能力,但并不能因此就认为不需要讲语文知识,能力和知识是分不开的。

——摘自《吕叔湘全集》第十一卷(2002 年版)

语文知识除了帮助提高写作能力之外,还有它另外的目的。例如语文知识中的词汇、语法、修辞,都能训练学生的思维能力。譬如比较同义词、近义词的不同点,可以提高学生的辨别能力、分析能力;语法中的句法,特别是复杂的句子,如何去分析清楚,也可以培养思维能力。让学生养成看事物、看问题细致、深入的能力,对他将来的生活和工作都有用。当然,培养思维能力不完全是语文课的任务,譬如数学课,也可以培养思维能力。

——摘自《吕叔湘全集》第十一卷(2002年版)

学习语言不应当满足于学会了一般的语音语法词汇,而应当进一步提高修养,特别是提高抽象思维的能力,分析理解的能力。

——摘自《吕叔湘全集》第十一卷(2002年版)

语文课当作语文课来教,又怎么个教法呢?我想这也很简单,三个字:少而精。少讲,精讲。讲的要击中要害,学生哪个地方不懂,不太理解,就给他讲一下,点一下。学生懂的呢,就不讲。语文课既然主要是技能课,上课的时候就应该以学生的活动为主,教师的活动应该压缩到最低限度。

——摘自《吕叔湘全集》第十一卷(2002年版)

学生的语文课学好没有,要看他的阅读能力如何,写作能力如何,而阅读能力和写作能力必得多练习才能

提高。

——摘自《吕叔湘全集》第十一卷（2002年版）

阅读课的教学效果不能光靠课内，还要靠课外。好的语文教师总是鼓励学生课外多读书。课外阅读范围很广，不限于文学作品，上至天文，下至地理、自然科学、社会科学，哪方面的知识都有，让学生多读，可以从中获得很多知识。课内受时间限制，课外就没有限制，有些学生课外书看得很多，他的知识就丰富，知识面就广。可以说，扩大学生的知识面应该是阅读课的目的之一。

——摘自《吕叔湘全集》第十一卷（2002年版）

加强课外阅读，首先要加强学校图书馆建设，国家要增加这方面的教育经费。有条件的学校，也可以发动学生和学生家长捐书，捐过期报刊杂志。总之，要千方百计地给学生足够的精神食粮。

——摘自《吕叔湘全集》第十一卷（2002年版）

福楼拜培养莫泊桑，只许他写，不许他发表，写了几十篇之后，福楼拜说是可以发表了，传为文坛佳话。莫泊桑应该说也是个天才，他的"习作"想来不会比当时的一般作品差，然而福楼拜不让他发表。福楼拜没有念过《庄子》，但是他懂得"水之积也不厚，则其负大舟也无力；风之积也不厚，则其负大翼也无力"的道理。

——摘自《吕叔湘全集》第十九卷（2002年版）

文章是写给谁看的,是写给自己看的,还是写给读者看的?只有日记是写给自己看的,可以随你怎么写。别的都是写给别人看的,写的时候就要设身处地为读者着想,看是不是他能看懂。如果你写你的,别人看得懂看不懂你不管,那就达不到写文章的目的了。我写文章总是想到有一个读者坐在我的旁边看我写。我写文章总爱改来改去,主要就是为了能让读者更容易懂。

——摘自《吕叔湘全集》第十三卷(2002年版)

如何对待前人的理论?……科学成果是累积起来的,白手起家是困难的,并且这个时代也早已过去了,前人的理论是我们的财富。但是,对一个研究语言的人来说,前人的理论无论多么重要,都只是一种参考,要用自己的观察来验证的。不能奉为神圣,那样就没有进步了。

——摘自《吕叔湘全集》第七卷(2002年版)

词语要嵌在上下文里头才有生命,才容易记住,才知道用法。如果要扩大词汇,最好的方法还是多读书。词典是供人查的,不是让人读的。英汉词典是用对译的原则,往往不及原文释义的精密,所以手头应该有一本编得较好的原文词典。

——摘自《吕叔湘全集》第十四卷(2002年版)

解读:词语学习只有在语境中才有意义。反思当前中学英语教学,吕叔湘的这句话具有振聋发聩之意义。

作者学习英语也曾走过不少弯路,多少知道一点其中甘苦,写这本书没有别的用意,只是想对于在僵局之中挣扎或是丢了多年又想捡起来的同志们提供一点帮助。我相信,对于中国学生最有用的帮助是让他认识英语和汉语的差别,在每一个具体问题——词形、词义、语法范畴、句子结构上,都尽可能用汉语的情况来跟英语作比较,让他通过这种比较得到更深刻的领会。

——摘自《吕叔湘全集》第十四卷(2002年版)

我们要搞四个现代化,首先是科学技术现代化,科技工作者的外语是个举足轻重的因素。以我国的情况而论,中文的科技资料很不够,一个科技工作者如果不能利用外文的资料,他就只能做第三流的工作。依靠翻译吗?现在的科学文献一天就是一大堆,一天就是一大堆。胜任翻译而又有时间翻译的人有限,只能翻译其中很小很小一部分。

——摘自《当前语文教学中的两个迫切问题》,《人民日报》1978年3月16日

解读: 在当代时不时有争论:外语教学地位到底重要否?看看吕叔湘这句话就一目了然了。

语文教学的研究对象不外乎教材和教学法。教学法中有许多问题,在本刊里面将会展开,我只想提出一点,那就是:在各种各样的教学法之上有一个指导原则——因势利导。讲因势利导,首先要"审视"。要记住学生原有的基础。对基础好的学生是一种教法,对基础差的学生是

另一种教法。要了解学生当前的精神状态。热心学习是一种情况，精神散漫是另一种情况，教法要适应不同情况。

——摘自《吕叔湘全集》第十一卷(2002年版)

语文教学要科学化，还要艺术化。教学是一门学问，特别是语文教学，是一门大学问。一方面，它是一门科学；另一方面，它也是一种艺术。科学只有一个道理，一种是非，艺术就可以有不同流派，不同风格。

——摘自《吕叔湘全集》第十一卷(2002年版)

归总一句话，教学的目的首先是培养自学能力，让每个学生的学习潜力都能够充分发挥出来。语文是这样，别的学科也是这样。光有"正步走！一！二！三！四！立正！稍息！"，训练供检阅的队伍则可，训练能打仗的部队则不够。

——摘自《吕叔湘全集》第十一卷(2002年版)

这样的语文教学(指猜题押题，题海战术，应付高考)，即使应付高考能奏效，对提高语文能力都不是康庄大道，而况应付高考也未必奏效呢？还不如我行我素，按上面所说以培养学生自学能力为主的原则进行教学。如果能够做到主动学，广泛学，在高考卷子上"丢分"也不会多，不会影响录取，而语文实力远为雄厚，一生受用。要知道人是要生活和工作好几十年的，高考只是一个插曲而已。

——摘自《吕叔湘全集》第十一卷(2002年版)

从某种意义上说，语言以及一切技能都是一种习惯。凡是习惯都是通过多次反复的实践养成的……起头是自觉的，但是最后仍然得由自觉变成不自觉，让这些东西成为自己的语文习惯的一部分，才能有实用价值……归结一句话，语文的使用是一种技能，一种习惯，只有通过正确的模仿和反复的实践才能养成。

——摘自《吕叔湘全集》第十一卷（2002年版）

课内课外的问题：我自己的经验，小时候学语文，从老师那儿、课本那儿学到的，远不如课外看小说学到的多而且快……在课内学得慢，学到的少；在课外阅读学得快，学到的多……咱们从事教学的人就应当加强课外指导，不要把所有的力气都花在课内，而课外就放任不管。要对课外作适当指导，帮他选择。课内课外的分别是这样：课内，老师主动，学生被动，老师教授，学生接受。课外，反过来。学生主动，老师被动……一个人做一件事情，被动时候效率差，主动的时候效率高。

——摘自《吕叔湘全集》第十二卷（2002年版）

学生作文有一种相当普遍的毛病是内容空洞。针对这个情况，教师可以在命题之后谈些"题中应有之义"，给学生一点启发，或者让学生们集体谈谈。有些问题还可以告诉学生怎样去自己搜集材料。还有一种毛病是内容杂乱。针对这种情况，可以让学生多做些光写大纲的练习。

——摘自《吕叔湘全集》第十一卷（2002年版）

结合语言训练还可以练习口头作文，一小时也能轮到三、五个学生。结合语言训练来教作文还有一个好处：使学生认识到作文和说话不是互不相干的两回事，免得拿起笔杆来就要摆架势，就要用些"高深"的字眼，造些"复杂"的句子，甚至说些云里来雾里去，连自己都莫名其妙的话。

——摘自《吕叔湘全集》第十一卷（2002 年版）

用什么标准评定作文的优点缺点，也是一个值得研究的问题。同一篇作文在不同的教师手上可以得到高下悬殊的评价。同样的一句或一段，可能有的教师认为有"诗情画意"，有的教师却认为是"涂脂抹粉"；另一句或另一段，可能有的教师认为是"气势磅礴"，有的教师却认为是"装腔作势"。有些教师特别讨厌的错别字，也有些教师特别重视思想正确。种种不一。

——摘自《吕叔湘全集》第十一卷（2002 年版）

我觉得中学和小学对作文的要求应该各有重点。小学里应该重视写字和造句，对于内容的要求不要提得太高。到了中学特别是高中阶段，词句问题应该已经不成大问题了，对于作文可以首先要求它有实实在在的内容，少搬公式，少说废话；要求内容安排得好，有条理，有层次，不颠倒错乱，不乱用"因此"、"但是"等等，也就是说，要有逻辑性。最后看它有没有错别字，以及写字是否清楚端正。现在有一种过分突出错别字问题的倾向，可是

从全局的观点来衡量一篇文章,不得不承认错别字毕竟是个次要问题。

——摘自《吕叔湘全集》第十一卷(2002年版)

(四) 学习观

中国大学的优等毕业生跟欧美大学的同等学生比较,考试成绩可以胜过他们,解决问题的能力往往不如;在毕业考试的时候可以胜过他们,毕业10年以后往往落下一大截,这里边虽然也有别的因素,但是学习方法的不同是主要的原因。

——摘自《吕叔湘全集》第十一卷(2002年版)

解读:吕叔湘这句话破解了"为什么我们的学校总是培养不出杰出人才"这一问题。二十年后著名的"钱学森之问"是与之相同的一道艰深命题,需要整个教育界乃至社会各界共同破解。教育不能目光短浅,唯分数至上。培养学习力是新一轮新课程改革的重要突破口。

要么就不学,学就学透,不但要在理解上能毫无滞义,还要在实践上能运用自如。不消化的食物对于身体没有好处,似懂非懂的知识对于脑筋也没有用处。

——摘自《吕叔湘全集》第十一卷(2002年版)

发动学习积极性很重要。学习任何一门课,首先要引起学生的学习兴趣,英文里有个成语,你可以把一匹马牵到河边让它喝水,它就是不喝,你也没有办法。一辆汽车,要把它的发动机发动起来才行,用人来拉它走或推动它走则使不动。把发动机一发动,问题就很简单,你坐在那里手握方向盘就行,它自己会动起来向前走了。积极性不只作用于学习上,其它方面也一样,喜欢唱歌的人要他不唱不行,喜欢跳舞的人要他不跳不行。一个人的积极性发动起来,太行山都可以把它搬走。

——摘自《吕叔湘全集》第十一卷(2002年版)

不能老是"先生讲,学生听"啊。这样恐怕效果不会好。要逐渐培养学生主动学习的能力,不要老等人家给,要学会自己去拿。

——摘自《吕叔湘全集》第十一卷(2002年版)

世界上一切学问不外乎三个方面:研究人和自然的关系,研究人和人的关系,研究人和自己的关系,而这三个方面又是互相渗透的。广义的科学应当包括自然科学,社会科学,人文科学。无论哪个学科,只要我们具备相应的条件,并且努力学习,就都能做出成绩,或者在理论方面,或者在实践方面。如果只顾赶潮流,不管自己的条件,以致有力气使不上,也就不能做出成绩。希望同学们和家长们能够这样认识这个问题。

——摘自《吕叔湘全集》第十三卷(2002年版)

我们要有知识,这是不错的,更重要的是要有智慧。

你光有知识,你不会用那些知识,那也是枉然。那样的知识没有用,是死的。你有智慧,你就能运用这些知识。所谓智慧,好像这东西很高超,其实不然。智慧就是能动脑筋。你会动脑筋,所有的知识都能供你使唤;你不会动脑筋,那些知识不为你所用,不是你的东西。

——摘自《吕叔湘全集》第十一卷(2002年版)

学生学会动脑筋,一生受用。教课最怕的是像把泡沫塑料泡在水里,考试等于从泡沫塑料里挤水,水还是原来的水。

——摘自《吕叔湘全集》第十九卷(2002年版)

在学校里学习的学生,如果不自觉争取主动,就很容易安于被动,也就是说,老师讲什么他就听什么,老师不讲的他也不去主动钻研。自学的人则不然,他不是"听铃响,进教室",他的学习必然是主动的。跟被动的学习比较,主动的学习印象比较深,领会比较透。常常有这样的情况:某一个问题,费了很大的劲反复钻研才弄懂,因而一辈子也忘不了。

——摘自《吕叔湘全集》第十一卷(2002年版)

现在,一是给中学生看的书太少,二是质量也不够高。给中学生看的书不能马马虎虎,内容要健康,要深入浅出,还要有文采,语言也应规范。加强课外阅读,首先要加强学校图书馆建设,国家要增加这方面的教育经费。……总之，要千方百计地给学生足够的精神食粮。

——摘自《吕叔湘全集》第十一卷（2002年版）

文艺在教育上有很大的价值。文艺作品扩大青年的人生经验，虽然是间接的。大多数中学生爱读文艺，想写写的毕竟是少数。只要不把写新诗写小说当作惟一的事情，没有什么害处。墙报和油印小刊物往往是作家的摇篮，无可厚非。

——摘自《吕叔湘全集》第七卷（2002年版）

图书馆是一般读者的良师益友。图书馆是科学工作者的千里眼、顺风耳。图书馆是四个现代化的参谋部兼侦察兵。现代的图书馆不同于古代的藏书楼。藏书楼的首要任务是保藏；图书馆的首要任务是流通。藏书楼的服务是被动的，单一的；图书馆的服务是主动的，多方面的……图书馆的服务要方面多，时间快，质量好，手续省，要处处事事为读者着想。图书馆工作是紧张的工作，不能让图书馆变成隐士的家，老人的俱乐部，病员的休养所。

——摘自《吕叔湘全集》第十三卷（2002年版）

我的遗体献给协和医科大学作病理解剖。角膜存库。我的骨灰可在允许买一席之地种一棵树的地方，洒入穴中，种树一棵，不加封识。多年以来我没尽植树的义务，这是最后一个机会，千万不要到什么地方买地立碑安

葬。我活了九十年,一生遭遇不无甘苦,但总的说来,我是很满意的,特别是与我共同生活或工作的人……都待我很好,我应该感谢他们。

——摘自《吕叔湘全集》第十九卷(2002年版)

四、匡亚明语录

教育家匡亚明

（一）人生观

一个人只有无私才能无畏。

——摘自《匡亚明纪念文集》，丁莹如《永远的怀念》

解读：一个人只有胸怀坦荡，没有私心才会无所畏惧。匡亚明先生正是这样的人。他一生俭朴，治学严谨，敢说，敢做，正直，光明磊落。他曾对夫人丁莹如教授说："有人怕丢乌纱帽。我只有党交给的工作，没有什么乌纱帽怕丢。如果说乌纱帽，在延安假如我不给康生提意见，而是顺着他，那我的官可能比现在大得多。但我不是那

样的人，我不能看到他的错误而不提。他变了脸，那是他的事；我现在很心安。一个人只有无私才能无畏，至于同志、同事，因为我对他们严，一时转不过弯而恨我，那不要紧，日后他们会明白的，我是对事而不是对他个人。"

宁可天下人负我，我不负人。有人对不起我，我不计较，他们知道了，自己会改的。

——摘自《匡亚明纪念文集》，丁莹如《永远的怀念》

解读：新中国成立后，时常有人来信或来访，求匡亚明帮忙办事。匡亚明对秘书交代，不可能有求必应，但要做到有信必答，要给人家一个回音。他提醒夫人，任何人都有为难之处，有求人的地方，人家来找你也是考虑再三，不得不来。自己无法满足人家的要求也要讲清楚，不能冷面孔，不能让人寒心。匡亚明是这样诚恳对待别人，可是每当夫人向他发牢骚，谈起有人并非真诚待他时，他经常不语。一次夫人正在怨气十足时，他平静地对夫人讲："'弗获于人，反求诸己'。有人做的是不对，但人家为什么会对我们这样，难道我们自己就没有可自省的地方吗？"匡亚明的博大胸怀使他只重事理，完全超越个人恩怨。难怪说起曹操讲过的话"宁可我负天下人，不可天下人负我"，匡亚明郑重其事地说："我则反其道，宁可天下负我，我不负人。有人对不起我，我不计较，他们知道错了，自己会改的。"

疾风骤雨六十年，赢得眼前尧舜天。老矣伏骥志千里,兴亡匹夫耻问田。

——摘自《与太阳对话》(2011 年版),匡亚明七绝《述怀》

解读:匡亚明在1982年初,得知国务院同意他不再担任南京大学党委书记和校长职务的报告,任命他为南京大学名誉校长时写下了这首七绝《述怀》。字里行间透露着他那坦荡胸怀与进取雄心。要知道,匡亚明在"文革"中受到许多不公正待遇,可他从未发过一句牢骚和怨言。在那些"黑云压城城欲摧"的日子里,匡亚明与夫人丁莹如曾悄悄地专程去雨花台烈士陵园凭吊先烈,匡老指着草地,动情地对夫人说:"这下面埋葬着我的许多战友,他们为党牺牲了。我今天敢于来到这里,因为我无愧于他们,他们是我最好的见证人。"这样的坚定和自信,诠释了一个无产阶级革命者,一个老一辈教育家,一个关注中国传统文化学者的人生境界。

中国学问的精髓就是"人学",做学问就是"做人"。

——摘自李慎之《"做学问首先要做人"——匡亚明先生印象》

解读:匡亚明先生晚年常说"中国学问的精髓就是'人学',做学问就是'做人'",这是一位耄耋老人历尽沧桑之后的深刻体悟。匡老一贯强调孔子思想,"提出了有独立人格、独立个性和独立志气人的自觉"。他指出,"中国传统文化的价值在于围绕个人、人际关系和社会提出了一系列关于如何做人、个人修养和处理好人际关系……"他的思想继承了中国古代"治国平天下"的第一大事——"正人心,淳风俗"。匡亚明的骨子里秉承着中国

文化传统的精华，他怀着"天下兴亡，匹夫有责"的抱负，坚定"三军可夺帅也，匹夫不可夺志也"的志向，一生都在殚精竭虑地做学问，更是在抒写他无私无悔的人生。

相见以诚，相任以信，用其所长，是非分明。
——摘自秦抒《为了实现匡老的弘愿——访老校长匡亚明先生夫人丁莹如教授》

解读：记者与匡亚明先生的夫人丁莹如教授谈到先生的教育理念时，丁老说，到吉大后，匡老明确提出，学校的管理要按照教学规律，服从教学规律，绝对不能用行政、工厂和农村的工作方法。他很清楚，作为校长是干什么的——就是要让学校的一切服务于教学和科研，服务于教师和学生。服务于教师和学生本身就是服务于教学和科研的具体体现。校长不是首长，不能凌驾于教授之上。他很明确学校教学主要依靠教师。既然教学要服务于学生，那我们就要尊重教师。就得像三顾茅庐的刘备依靠诸葛亮那样，诚心诚意地依靠教师。他贯彻落实知识分子政策决不是假情假意的，而是实实在在的。他在笔记本上写着："相见以诚，相任以信，用其所长，是非分明。"

人间，人间，假使在人间抽去了"爱"这件东西，所谓人间便成了不堪设想的枯寂的沙漠。
——摘自《求索集》（1995年版），《爱的观照——读〈漫郎摄实戈〉之后》

活一天总应工作一天,乐观加信心,就是我的为人之道。

——摘自南京大学中国思想家研究中心《动态信息》第 17 期,《给夏自强同志的信》

解读:匡亚明先生的一生可谓是生命不息,战斗不止。他晚年立志要编写 200 本"中国思想家评传丛书",带头撰写《孔子评传》。生命中最后半个月,仍以 91 岁高龄的羸弱之躯为丛书的编写工作而奔忙。华罗庚以孔子的话赠匡亚明:"其为人也,发愤忘食,乐以忘忧,不知老之将至云尔。"这正是匡老的写照。

伟大出于平凡。

——摘自《求索集》(1995 年版),《学习列宁的风格》

解读:匡亚明先生是伟大的。他的一生悲壮而坎坷,为我国的革命事业和高等教育事业做出了卓越的贡献。他坚持真理,实事求是,为人耿直,刚正不阿,身处逆境不屈不挠;他胸襟坦荡,淡泊名利,从不计较个人得失。他又是平凡的,他历来崇尚俭朴,严于律己,工作严谨,容不得身边工作人员有一点马虎。他身居高位,但廉洁奉公,对家属子女严格要求,对腐败现象深恶痛绝。七十年如一日,点点滴滴小事的高标准严要求,成就了他的伟大。

孔子的核心思想是通过"仁"去研究,人之所以为人,如何为人,以及如何处理好人与人之间的关系等等,

四、匡亚明语录

以达到他的"治国平天下"和最终实现"世界大同"的理想。

——摘自《求索集》(1995年版),《孔子思想研究的新气象》

解读:德国哲学家伊曼努尔康德曾经说过"人是目的,不是手段",人是最高的存在物,不能因手段而毁弃"人之为人"的本质存在,这一点和孔子的人学思想不谋而合,都意在强调"人之为人"的意义和本质,而中国学问的精髓是"人学",做学问首先要"做人"。匡亚明先生是人学思想的践行者,他的一生:是笃信马列、矢志不渝的一生;是谦逊好学、诲人不倦的一生;是严于律己、宽以待人的一生;是生命不息、奋斗不止的一生。可见,在"人学"思想熏陶之下的匡亚明先生才是一名真正的鸿儒!

我们说我们中华民族有凝聚力,这凝聚力,就是靠传统文化的认同。

——摘自《求索集》(1995年版),《认真整理出版古籍,弘扬优秀传统文化》

解读:中国传统文化,对全球的炎黄子孙来说,是联系的纽带,是沟通的桥梁。全球海外华人有五千多万人,他们一直与祖国心心相连。当祖国繁荣昌盛时,他们为祖国而自豪;当祖国处在民族危亡时期,他们以各种方式支援祖国。中国传统文化凝聚力是实现祖国统一的深层次的思想基础,是实现和维护祖国统一和民族团结,反对分裂之民族大义所在。台湾海峡两岸的中国人有共同的文化,共同的血缘,共同的民族心理。悠久的文化历史传统,是我们民族的一笔巨大精神财富。

自满是进步的敌人,稍有自满之心,就会把现在这一点进步也丢失的。

——摘自《求索集》(1995年版),《把党报工作更加提高一步》

沾沾自喜,满足于微小的进步(微小进步当然是应该欢迎的),以致发展成为骄气凌人、目无余子,是极有害的。

——摘自《求索集》(1995年版)

解读:毛泽东曾经说过:"虚心使人进步,骄傲使人落后。"古人早就说过:"满招损,谦受益。"古今贤人对"满招损"抱有一致的观点。匡亚明先生在这一点上也是毫不含糊的。他认为自满不仅会把现在的一点进步丢失,更会发展成骄气凌人、目无余子,是极有害的。

谦逊和好学是人类历史上古今中外任何一个正直而有成就的人,特别是共产党人应有的美德。

——摘自《求索集》(1995年版)

解读:在匡亚明先生看来,"谦逊"和"好学"是一对孪生兄弟,谦逊者必然好学,好学者会更谦逊。而匡老正是这一理论的践行者。他贵为校长,一次次登门拜访教授,九十高龄时,仍保持着每天学习、阅读的好习惯。匡老对身边的工作人员也是严格要求。一次,匡老让秘书朱维宁看一篇文稿,说有什么意见、想法就提出来。朱维宁当时刚三十出头,不知天高地厚,草看了一遍,就想当然地信手改了起来。匡老看了他改的稿子,大为光火,

说:"人家是教授,功底很深,你凭什么拿起笔就'唰唰'地修改起人家的文章。即使不知名的年轻人的文章,你有什么意见、想法,也只能用铅笔在有疑问处轻轻注明,然后和作者商量。我以前做报社总编,最反对编辑随便改别人稿子,好像自己比别人高明多少似的。这种不严肃的作风,不谦虚的学风,要不得。人家的文章总是花了功夫,经过深思熟虑后才写出来的,每一个观点,甚至每一句话,都有人家的思考和道理在里面。用商量的口气提出来,既是对别人的尊重,也是对自己的尊重。"

"友直、友谅、友多闻",是中国人交朋友的原则。如果不能揭发朋友的弱点和缺点,尽诤谏之谊,如果一方揭发了、诤谏了而对方不能虚心接受,不能及时改正,就不算好朋友。如果知而不言,言而不尽,就不仅使对方无从改过迁善,有失朋友之谊,而且会麻痹自己,使自己在任何突然事变之前惊惶失措,以至损害到民族利益,损害到革命利益。

——摘自《求索集》(1995年版)

许多不顺遂的、失败的事情,是免不了的;假使世界上事事都是遂意的,事事都是成功的,那是不可能的。事实上,"失败""逆意"是奋斗的兴奋剂;"遂意""成功"是苟安的麻醉药。世界的一切光明进化,都是奋斗的结晶。

——摘自《求索集》(1995年版)

我们是人民的勤务员,就应该有勤务员的样子。凡是一切足以显出"官架子"的东西,而工作上不一定需要的,都应该去掉。

——摘自《求索集》,《彻底实施三大方案》

要跟先进人物比,也要和周围同志的一技之长比,比了就要学,就要赶。学得好的人要帮别人。随时随地比学赶帮,就能使我们不断前进。

——摘自《匡亚明教育文选》(2000年版)

无产阶级的快乐、革命的快乐、真正的快乐就是先人后己,助人为乐,斗争为乐,不怕困难为乐。

——摘自《匡亚明教育文选》(2000年版)

(二)教育观

党全面领导,并不意味党来包办一切。

——摘自《匡亚明教育文选》(1998年版)

"行政和党不是对立的,而是统一的。因此在加强党的领导的同时,必须充分发挥行政的作用。"在探讨"系总支的保证监督作用"时,他对党的领导在基层的实现方式作了精辟的阐释:"作用的问题,不完全表现为'权力'的问题,更多的是表现在示范、影响等促进作用上。"

——摘自《匡亚明教育文选》(1998年版)

艺术，不仅表现人们的感情，同时，也表现着我们的思想。

——摘自《求索集》（1995年版），《文学概论》

解读：匡亚明喜爱昆曲，擅长书法。匡老家的客厅里悬挂着他自己书写、用以自勉的书法作品，如"其为人也，发愤忘食，乐以忘忧，不知老之将至云尔""饮水思源""淡泊以明志，宁静以致远"等。这些墨迹不仅体现着他的感情，更体现着他的思想。

"因材施教"是教育学中一条重要的规律。孔子很早就注意到人的才智高下有别，性格刚柔各异。他深入了解学生们不同的志趣、智慧和能力，掌握每个人的特点，施以不同的教育，收到了极佳的效果。

——摘自《求索集》（1995年版），《关于孔子教育思想与当代教育》

解读：每个人都具有较之他人所不同的个性差异。教师在教学过程中，必须依据学生的差异来进行有针对性的教学，反对"一刀切"。要把每个学生看成一个个的具体，对其进行深入分析。孔子的"因材施教"思想第一次承认了人的先天遗传特质，就是人的个体差异。重视学生的个体差异，教学因学生的个体差异而变化，才能长善救失，促进个性的发展，培养出各种人才。这是孔子因材施教教育思想的精华。

所谓浪漫主义，无非是有很高的想象力，再用美妙的文笔予以表达。

——摘自《求索集》(1995年版),《还〈红楼梦〉的本来面目》

在思想方法问题上,孔子反对四种倾向:一是主观随意性,二是绝对化,三是思想僵化,四是固执己见。

——摘自《求索集》(1995年版),《人类文化知识遗产的继承和发展问题》

孔子不仅是中国历史上伟大的思想家、政治家、教育家,而且是全人类历史上一位伟大的思想家、政治家和教育家。孔子是中国传统思想文化的主要代表之一。孔子思想在中国历史上以至在国外,都产生过深远影响。中国传统思想中的精华和东西方各种文化思想中的精华一起,形成丰富多彩的人类精神文明。

——摘自《求索集》(1995年版),《〈孔子评传〉外文版序》

解读:要了解中国,要了解人类,要继往开来地创造人类精神文明,都不能不了解孔子思想。孔子对于中华文化的影响至深已经不言而喻,孔子属于中国,也属于世界。儒家学说能促进世界和平,能提升全人类道德素质,能与世界多元文化共存共荣,因而要了解中华文化,了解最优秀的世界文明,必须要从了解孔子这一窗口入手。

孔子是二千年前的马克思,二千年后产生的孔子就是马克思。因为,孔子在二千年前就提出,"大道之行也,天下为公"。

——摘自南京大学中国思想家研究中心《动态信息》第14期

解读:"大道之行,天下为公"是中国古代大同社会的理想,与马克思的原始共产主义大致相同。在这样的社会里面,天下为公,没有私有制(因为私有制是罪恶的根源),人与人之间的关系相当和睦,一幅夜不闭户的和谐社会的场景!

从孔子到孙中山两千余年是中国历史上思想文化最丰富的时期,如果总结了这段历史,也就基本上总结了五千年传统思想文化的主要内容。

——摘自《求索集》(1995年版)《〈中国思想家评传丛书〉序》

解读:任何思想都是特定时代的产物,尤其那些思想中的精华更是时代的精神的升华。中国五千年的优秀的传统思想文化,基本上是在从孔子到孙中山这两千年的历史积淀之下所产生的!

强烈的社会主义政治空气,浓厚的社会主义学术空气,严肃的社会主义文明空气,活泼的社会主义文娱体育空气。

——摘自佟有才《匡亚明教育思想与实践研究》(2007年论文)

解读:20世纪五六十年代,校园充斥着一种浮躁气氛,匡亚明对此提出"四种空气"重要教育思想。

没有好的集体领导就没有好的个人负责;没有认真的个人负责,也就没有好的集体领导。不管集体领导或个人负责,都应强调走群众路线,和群众商量,以及调查研究的精神。

——摘自《匡亚明教育文选》(1998年版)

教育,有着双重的功能,一是满足社会发展的需要;二是满足人们完善、充实、提高自身的需要。这两者相互区别又相互联系,其共同点是"人"。因为社会的发展,不管是经济的增长,科技的发达,还是文明程度的提高,都离不开人!

——摘自《匡亚明教育文选》(1998年版)

一切知识都要为社会主义、共产主义这个总的目标服务。我们一切工作,一切科学技术,一切教学科研活动都要围绕这个目的,都要为这个目的服务。我们要培养的人才要有坚定的政治方向,有全心全意地为人民服务的态度,为共产主义奋斗终生。

——摘自《匡亚明教育文选》(1998年版)

政治思想工作一定要做到生活、学习、专业里去。要联系生活、学习、专业的实际去做。我们对同学的要求,就是要做到八个字:团结、紧张、严肃、活泼。真正使学生继承和发扬党的艰苦奋斗的优良传统,同时又体现出生动活泼的局面。在生活里,要在各个具体问题上把艰苦奋斗同生动活泼密切地结合起来。

——摘自《匡亚明教育文选》(1998年版)

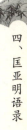

我们党和国家的政策,要随时随地给学生讲解,特别是一定时期内有变化的事情要让他们了解,就是我们常讲的所谓形势教育。要培养我们的学生关心时事,关心国家大事,关心我们社会主义祖国脉搏的跳动,特别是现在,为加速实现四个现代化而采取的一些重大决策,学生应该知道。

——摘自《匡亚明教育文选》(1998年版)

在我们学校里,一个工作是改造人,一个就是学本事,就这么两件事。而改造人这方面,固然人人都有做,但是作为专职的骨干力量则是政治教师和辅导员。

——摘自《匡亚明教育文选》(1998年版)

科学技术是关键,教育是基础,这是千真万确的真理。

——摘自《匡亚明教育文选》(1998年版)

学校不是一个机械的空洞的学理的灌注所,它应该随时地与社会的实际生活结合起来。这样,学校里出来的学生,才不致被目为不知世务的"书生"。

——摘自《求索集》(1995年版),《学校中师生关系恶化的基本原因》

政治挂帅是没问题的,但不能代替一切。有的人对知识分子采取虚无主义的态度,这是不对的。

——摘自《匡亚明教育文选》(1998年版)

解读:1963年6月,匡亚明刚到南京大学任职,他在校党代会上表明了自己对知识分子的态度,即要"分清政治问题和思想问题"的界限,"分清思想问题和学术问题"的界限,"分清个人主义和个人的一定合理要求"的界限。在此基础上进一步阐明:"十四年来,青老教师都有不同的进步。但确实有教师,主要是某些老教师,存在着较高知识技能和思想落后之间的矛盾。对这些人,不能等待他先把思想改造好,再发挥其知识技能的作用。只有既充分发挥其知识技能的作用,又积极促进其思想改造。二者不能兼顾的时候,首先发挥其知识技能的作用,使之成为人民的财富。"听话听音,人们不难感受到这实际是在为知识分子做政治上的松绑。在当时的政治环境中,能够把话说到这个份上,无疑要冒极大的政治风险。匡亚明在"文革"初期就被高层人物点名,因而被打倒,而这正是其重要"罪状"之一。但是,匡亚明不仅这样说了,而且还顶着风险这样做了,留下了许许多多感人肺腑的佳话。

人才成长的道路,我想是三条:第一,学校里面学。第二,是自学成才。第三,叫干中学。

——摘自《匡亚明教育文选》(1998年版)

(三)课程观

他(曹雪芹)不是为了创作才去生活,而是从生活中产生了创作的愿望,生活的激情促使他非写不可。

——摘自《求索集》(1995年版),《继承是为了创新》

　　一个人真正的乐趣,应该是精神上有理想,不断学习,做一个读书万卷,治学有方,有学问,有远见的人。

——摘自《匡亚明纪念文集》,朱维宁《音容宛在恩诲犹蒙》

　　解读:匡亚明身居高位,却乐以"布衣学者"自居,因为他的本色就是布衣学者。他酷爱读书,善于思考。几十年来,无论工作多么繁忙,他总是手不释卷。即使身陷囹圄,仍利用有限的条件阅读了大量的书籍,因为读书正是他的乐趣所在。

　　走进书斋是真正的学者,走出书斋是积极的实践家。

——摘自《匡亚明纪念文集》,朱维宁《音容宛在恩诲犹蒙》

　　解读:所谓"读万卷书,行万里路",就是说读书要与实践相结合。匡亚明先生正是这样一位注重理论与实践相结合的大学者。新中国成立前,他积极投身革命,一次次出生入死。新中国成立后,他又以饱满的热情、忘我的精神投入高校的领导工作,为新中国的高等教育事业竭尽全力。在晚年,他还孜孜不倦,笔耕不辍,为我们留下了传世巨著《孔子评传》和《求索集》。他不仅是一名真正的学者,更是一位积极的实践家。

　　中国的古籍就是中华民族留下的百科全书。

——摘自《在古籍整理出版规划小组办公室座谈会上谈小组和办公室工作问题〈摘要〉》(1991年10月30日),见《古籍整理出版情况简报》第254期

　　解读:古籍,广义的古籍应该包括甲骨文拓本、青铜

器铭文、简牍帛书、敦煌吐鲁番文书、唐宋以来雕版印刷品,即1911年以前产生的内容为反映和研究中国传统文化的文献资料和典籍;狭义的古籍不包括甲骨、金文拓本,不包括简牍帛书和魏晋南北朝、隋唐写本,而是专指唐代自有雕版印刷以来的1911年以前产生的印本和写本。中国的古籍大致可分为经、史、子、集、丛五类,现存古籍约有15万种。说"中国的古籍就是中华民族留下的百科全书"一点都不为过。匡亚明晚年被任命为国家古籍整理出版规划小组组长,团结和组织全国古籍整理、出版方面的专家学者,制订古籍整理出版"八五"计划和十年规划,极大地推动了全国古籍整理、出版工作。

学术是有连续性的,后人总是要超过前人的。
————摘自佟有才《匡亚明教育思想与实践研究》(2007年论文)

作为一个文科学生,应该红、黄、蓝、白、黑的书都要看,只看红的,不看黄、蓝、白、黑的,就不能提高辨别能力,也就不能深刻地理解马克思主义和毛泽东思想。
————摘自《求索集》(1995年版)

高等学校的教师们在科学研究,特别是自然科学研究中,必须密切联系国家建设实践,一方面从实践中丰富自己科学研究内容,并协助解决实践中的某些科技问题,另一方面又能使培养出来的人才完全适应于当前实践的要求。
————摘自《匡亚明教育文选》(1998年版)

在强调科学研究的计划性、组织性、系统性和稳定性的同时,还要照顾个人特点与兴趣。

——摘自佟有才《匡亚明教育思想与实践研究》(2007年论文)

学问有两门:一门叫自然科学,一门叫社会科学。自然科学研究自然界事物发展的规律,探讨这个规律,用这个规律为社会服务;社会科学研究社会发展的规律,真正的规律就是真理,规律是不断发展的。因此,规律是无穷的,真理是无穷的,我们的学问也是无穷尽的。

——摘自《匡亚明教育文选》(1998年版)

(四) 教学观

孔子教学工作的一个鲜明的特点,是教书育人。孔子认为,学识渊博,多才多艺,品德高尚的人,不是天生的,而是教育出来的。在孔子的全部教育工作中,把知识传授、品德修养、体育锻炼和美育陶冶,融为一炉。

——摘自《求索集》(1995年版),《关于孔子教育思想与当代教育》

应该避免只是背书式的、宣教式的讲一套抽象的大道理,大道理往往是群众特别是农民群众一时所不能了解的,而活生生的具体实例,是他们既能了解和感动,又是最有兴趣的。

——摘自《求索集》(1995年版),《加紧战争动员巩固抗日根据地》

时间,对每个人来讲都一样,人人平等,每人一天24小时,谁也不多,谁也不少。你抓得紧,会安排,见缝插针,你就有时间读书。不仅读,而且要思索,要问为什么,要在实践中去考验,要到更多的书籍中去找解答,这样你就会愈读愈要读。知识增长了,判断问题的能力增强了,乐在其中。

——摘自《匡亚明纪念文集》,丁莹如《永远的怀念》

解读: 匡亚明先生酷爱读书,而且孜孜求索。他出生于农村,父亲是乡村塾师。父亲在他五六岁时就去世了,留下了一箱古书,小匡亚明视为珍宝。那时,他不能用全部时间来读书,还有放牛、割草、喂羊等农活要做。但即使放牛,他手里都拿着书。20岁不到,他就读了许多中外书籍。不管工作多么繁忙,他每天都坚持读书。他一生数次入狱,但在狱中,仍坚持阅读。匡老一生都在读书写书,做学问。

经验不一定都是对的,但凡是由实践中获得的经验,都足以给后来者以参考,作为"前车之鉴",作为"他山之石"。

——摘自《求索集》(1995年版),《从空虚到实际——我的读书经验漫谈》

我们要以深沉、严肃、埋头苦干、实事求是的态度来进行,反对任何表面热闹、呼隆一阵、华而不实的作法。

——摘自《求索集》(1995年版),《把党报工作更加提高一步》

今天必须认识,只有整体有了办法,部门才有发展,如果整体枯竭,则部门也就垮台。

——摘自《求索集》(1995年版),《彻底实施三大方案》

不把以往弄清楚，决不能指示出正确的未来。

——摘自《求索集》(1995年版)，《建设中国文学史的诸前提》

我认为治学就是解决问题，解决自然科学和社会科学上的问题，就是解决历史上、社会上、思想上的问题，也就是解决理论学术上和实践中出现的问题，就是为了寻求真理，对人类进步事业"立德、立功、立言"，为了解决革命以及如何做好革命和建设工作问题。根据我自己的体会，治学的要领可以归纳二点：一、治学的目的——寻求真理，解决问题。二、治学的方法——持之以恒，锲而不舍。

——摘自《匡亚明教育文选》(2000年版)

我们不禁要问：教务处、印刷厂、图书馆的同志在这样严重妨碍教学质量的情况面前，能吃得下饭，睡得着觉吗？能无动于衷吗？能不立即加以切实研究，切实解决吗？这样能搞"四个现代化"，能把南大建成"两个中心"吗？

——摘自《匡亚明教育文选》(1998年版)

教师必须是真正的学者，良师必出自真正的学者，但学者未必是良师，关键在于处理好教学与科研的关系。既要反对只教书不搞科研，更要反对只搞科研不注重教学，放弃教学是不务正业，危害更大。

——摘自《匡亚明教育文选》(1998年版)

使综合大学和科学研究机关打成一片,就可以把教学和科学研究紧密结合,以教学中所得的启发补充科学研究之不足,又以科学研究之成果充实教学内容,互相助长,理论密切联系实际。

——摘自《匡亚明教育文选》(1998年版)

我们不仅要有数量上的高速度,而且同时要求高质量,要使我们的教学内容、科学研究的成果、培养的人才,真正达到先进水平,真正迎头赶上,只有这样,我们才能说在向四个现代化的进军中真正尽了应尽的责任。

——摘自《匡亚明教育文选》(1998年版)

对于一个具体的人来说,要获得对客观事物的真理性认识,必须沿着实践—认识—再实践—再认识的道路前进。认识世界的过程中,必然会包含许多错误,因此要在反复的实践中检验它、修正它、发展它。这就是我们强调认识必须回到实践,必须由实践来检验的原因所在。

——摘自《匡亚明教育文选》(1998年版)

教师除了教书,还应该关心学校工作,学校领导同志要经常听取教师的意见,提高他们在社会上应有的地位。

——摘自《匡亚明教育文选》(1998年版)

学校就是学校,学校的一切工作要为教学和科研服务。如果校长、党委书记整天被盖房子、吃饭之类问题纠

缠着,这怎么能行呢?学校大而全,小而全,后勤是硬任务,教学科研反而成了软任务,不解决这些问题,学校的调整工作也是搞不好的。

——摘自《匡亚明教育文选》(1998年版)

不管是哪一门科学,学生仅仅在教室里读讲义以致在实验室里做实验,还是不够。必须多与实际的社会生活结合,才能体验真理的现实性。

——摘自《求索集》(1995年版),《学校中师生关系恶化的基本原因》

开展科学研究必须密切与教学工作相结合,使科学研究中的每一成就,都能直接间接地有利于教学质量的提高。

——摘自《求索集》(1995年版)

高等学校的任务既然是培养社会主义建设人才,就必须使教学内容能够反映当前社会主义建设的实践。这就首先要求教师们必须结合教学任务,随时注视和密切联系当前国家建设实践,不断进行科学研究,不断提高教学质量。

——摘自《求索集》(1995年版)

教师们必须采取各种办法,在教好功课的基础上,启发和诱导学生的独立研究能力。须知,如果一个大学毕业生不能独立研究和解决任何问题,是根本不合于社会主义建设要求的。

——摘自《求索集》(1995年版)

学校是传授知识、培养人才的场所。学校工作以教学为主。在教学中起主导作用的是教师。教学的各个环节,都要在教师的指导下进行。

——摘自《求索集》(1995年版)

学校中教与学的关系主要表现为师与生的关系。师生关系愈好,就愈有利于教学质量的提高。

——摘自《求索集》(1995年版)

学习是一个从无知到有知、从少知到多知的发展过程。学校教育的特点之一,就是学生在学习的过程中必须接受教师的指导。在学习中,有师和无师是不同的。

——摘自《求索集》(1995年版)

在学术领域中,我们提倡各种不同的学术观点、各种不同的意见,进行自由的争论,这是追求客观真理所必需的,也是发展社会主义科学文化事业所必需的。

——摘自《求索集》(1995年版)

提高教学质量问题,实际就是如何更好的贯彻"一主二从三结合"的方针问题。学校任何时候都要以教学为主。要端正学风、搞好学问;坚决贯彻"百花齐放、百家争

四、匡亚明语录

鸣"的方针;充分发挥老师的作用;认真读书;稳定教学秩序。

——摘自《匡亚明教育文选》(1998年版)

切实提高课堂教学质量,同时尽可能使学生有更多的自习时间。在自习时间中,除按老师规定做习题、作业外,必须保证学生有较多时间去阅读与课程相关和特别爱好的书籍和资料,高年级同学尤应如此。这对提高学习质量、培养独立思考能力、认真做学问功夫,都是十分重要的。

——摘自《匡亚明教育文选》(1998年版)

提高教学质量是学校工作的主要任务。而提高教学质量的关键在于教师、教材、教具和教法,其中起决定性作用的则在于建立一支又红又专的教师队伍,在于教师学术水平的不断提高。

——摘自《匡亚明教育文选》(1998年版)

(五)教师观

学校没有校长可以,没有教授就办不成。
——摘自《匡亚明纪念文集》,朱日耀《一位尊重知识、爱惜人才的好校长》

解读:匡亚明在任吉林大学校长后的第一次全校人员大会上,就明确地指出"学校没有校长可以,没有教授就办不成"。"标志一所学校的水平,是教授的数量与学术水平。""学校教学主要依靠教师,依靠的问题是很重要。刘备依靠诸葛亮不惜三顾茅庐,我们也要真正诚心诚意的依靠。"于是,就有了匡校长三顾茅庐,敦请于省吾教授出山的感人故事。南京大学的校史上记载,他在很短的时间里登门拜访过20位教授。

尊敬教师,就是尊重人类的科学文化,也就是尊敬人类文化的传播者。

——摘自《求索集》(1995年版)

解读:匡亚明的校长意识中,最宝贵的,是他对教师的尊重。他说,如果为了分房子发生纠纷,干部主动让教师,党员主动让非党员。匡亚明不仅是这么说的,也是这么做的。他说,南大的教师不解决住房问题,他不搬出14舍,他做到了。他把程千帆等先生请进南大,工资每月另加100元津贴。但作为校长,他没有为自己搞特殊津贴。作为一个校长,他始终把教师放在第一位,因此也赢得了所有教师的爱戴。

我们的大学就像是一朵美丽的牡丹花。我们学校不仅开花,而且结两个果:人材的果,科学研究的果。从这两个果,来判断学校办得好还是不好。这朵花的根子在哪里呢?是后勤职工,埋头苦干。当然直接开花的那个枝子是特别重要的,没有那个枝子就没有花,学校直接产生成果、培养人才的是教师队伍。

——摘自《求索集》(1995年版)

校长不能凌驾于教授之上,学校是搞学术的。

——摘自《求索集》(1995年版)

学校的水平,主要决定于教授。而且将来,越来越如此。将来校长要从教授里产生,选上了当校长,下来还是当教授。教授、校长应该在一条线上。

——摘自《求索集》(1995年版)

绝没有一个在学术研究和学术批判中的懒汉,而能成为教学工作中的良师的;反之,任何一个教学工作中的真正良师,必须是学术研究和学术批判工作中刻苦用功、勤奋钻研的真正学者。

——摘自《匡亚明教育文选》(1998年版)

大力开展教学改革,必须要重点大改和普遍小改相结合;开展学术批评,有勇气批判资产阶级学术权威,建立无产阶级学术高峰;改进教学方法,提高教学质量;改进教学工具,改进实验设备,力求现代化。

——摘自《匡亚明教育文选》(1998年版)

新的社会主义教育制度和教学秩序开始建立,经过几年的探索、实践,证明党的"教育必须为无产阶级的政治服务,教育必须是与生产劳动相结合"的方针是完全正确的。在这一方针指导下,相应的初步探索,建立了政治与业务相结合、教育与生产劳动相结合、理论联系与实际相结合一系列马克思列宁主义的教育制度。探索解决了以教学为主,和教学与生产劳动、科学研究、社会活动的比较恰当的相互关系问题。

——摘自《匡亚明教育文选》(1998年版)

课堂教学是教学工作中最重要的环节,是衡量教学质量的决定性关键之一。但如果课堂教学不走群众路线,不实行教与学的统一,教师不征求学生意见,不了解学生的理解程度,不调动学生的学习积极性,只是主观主义的"照本宣读"地讲解,肯定达不到课堂教学的预期效果,达不到使学生领会或基本领会课程内容的目的。

——摘自《匡亚明教育文选》(1998年版)

所谓以教学为主,不等于是唯一的,压倒一切的,而是把教学看作中心环节。学校有许多工作,例如生产劳动、科学研究、人事、总务等等,但许多工作的最终目的都是为了提高教学质量,为了培养又红又专的高质量的人才;而为了提高教学质量,又必须同时做好其他许多工作,必须改善教学条件和生活条件,特别必须提高教师科学水平,开展科学研究等等。

——摘自《匡亚明教育文选》(1998年版)

改进教学工作,首先必须坚持又红又专的方向,坚持德智体全面发展的方针。其次要充分发挥老教师的专长,提高青年教师的水平,否则几年、几十年之后,要后继无人了。第

四、匡亚明语录

三要积极开展科学研究工作,在总体上讲以教学为主。

——摘自《匡亚明教育文选》(1998年版)

一位优秀的教师,应该是热爱祖国,热爱学生,对自己的专业则精益求精,并力求有所创新。这样才能为人师表,在学生心目中具有感召力。

——摘自《匡亚明教育文选》(1998年版)

任何培养不能代替自己的努力,教师也不能代替学生学。

——摘自《匡亚明教育文选》(1998年版)

政治教师不能光言传,光讲课,光背诵马列主义的词句或马列主义的原理原则,还应在自己身上体现出马列主义的原理原则,这就是身教,而且身教重于言教。言教容易做到,身教就很困难,我们要克服这个困难,不光是嘴巴上的马列主义,做任何事情,都要以马列主义的基本准则、基本原理来衡量。不管风浪多大,都要坚持马列主义方向。言传身教问题,可以写一部书。

——摘自《匡亚明教育文选》(1998年版)

我觉得,校长嘛,这个学校,水平不决定于校长,当然校长也起重大作用。但是学校的水平,学术水平、科学研究水平,主要决定于教授,而且将来,越来越会如此。

——摘自《求索集》(1995年版)

（六）学生观

学生的健康很重要,毛主席指示学习和健康的关系是健康第一。学生学习得再好,毕业以后,三五年死掉了也是无用,知识不能装在病体身上。

——摘自《求索集》(1995年版)

解读:"知识不能装在病体身上"这是匡亚明先生的名言。这句话等同于我们现在经常说的"身体是革命的本钱"。他提出,大学必须养成优良的校风,包括纯洁的政治空气、浓厚的学术空气、醇厚的社会主义团结与文明空气、清新的文娱体育空气。对体育工作的重视也体现出匡老高瞻远瞩的战略眼光。

我们主张学生要超过教师的,青出于蓝而胜于蓝。后一代人不超过前一代人,人类的科学文化就不能向前发展。但是,这是对新的一代人的成长而言。而这也只有在接受了前人的知识,在老一代人的培养和教育下才能做到。

——摘自《求索集》(1995年版)

我们培养的人才,就像新生的冬青树那样,参差不齐。如果一冒出来,"唉,个人英雄主义!"咯嚓一剪刀,剪平了,那就是忌妒人才,违背马克思主义。他有这个能力冒尖,他要冒尖,应该鼓励他冒尖,不能阻止他冒尖。因为人不是冬青树,冬青树才需要修剪齐平。

——摘自《求索集》(1995年版)

大学生必须培养独立思考和独立从事科学研究的能力。教师们必须采用各种办法,在教好功课的基础上启发和诱导学生的独立思考和独立研究的能力。

——摘自《匡亚明教育文选》(1998年版)

解读： 匡老鼓励大学生创造性地学习,实行学分制,建立优秀生、优秀班级和学生的优秀科研成果奖励制度,提倡培养尖子生。这些举措在校内收到良好的效果。

大学生必须锻炼独立思考和独立从事科学研究的能力。而认真学好基础课,认真做好实验室的基本实验课,在这两方面受到严格的训练,又是在自然科学方面进行独立研究和向专门化发展的必要条件。

——摘自《求索集》(1995年版)

学生要尊敬老师,老师要爱护学生；学生要虚心向教师学习,教师要循循善诱,"诲人不倦",这是师生关系中的两个基本方面。

——摘自《求索集》(1995年版)

教师爱护学生,绝不是无原则的迁就。无原则迁就只是对学生的姑息和放纵,而不是爱护。爱护学生,最根本的是要认真教好功课,严格要求学生。

——摘自《求索集》(1995年版)

学校是培养人才的地方。学校有各种人,最主要的成分是学生,因为有学生才有教师。学校最主要是教学,最根本是学生,检查学校水平就看毕业生质量。

——摘自《匡亚明教育文选》(2000年版)

五、戴伯韬语录

教育家戴伯韬

（一）教育观

我国过去的教育方法，有一个缺点，就是把学习和实践分家，变成一种死读书的书本教育，这是一个根本的错误。我们认为最有效最经济的学习方法，莫过于在实践上学习。

——摘自《戴伯韬教育文选》（1985年版）

解读： 戴伯韬先生在他的多篇文稿和讲话中均提到了最有效最经济的学习方法，是在实践上学习。充分表明了他的实践教育思想：一方面重视书本知识的活化，另一方面重视学生实践能力的培养。

因为这种崭新的教育方式是非常适合新教育原理的：第一，它已经把生活和教育统一起来；第二，它已经把学校和社会统一起来；第三，它已经把学生和先生统一起来；第四，它已经把学习和实践统一起来。

——摘自《戴伯韬教育文选》(1985年版)

解读：针对死读书、读死书的封闭的僵化的封建的教育方式，戴伯韬先生倡导的四个统一的教育方式充分体现了教育内在的本质要求，对今天的教育改革和发展具有重要的指导意义。

没有行动便不会产生知识；没有从行动中得来的知识做基础，便不能接受他人的知识。但如果只有行动，没有思想，又成了蠢动；没有行动，只有思想，又成了妄想。所以只有在"劳力上劳心"所求得的才是真知灼见。

——摘自《戴伯韬教育文选》(1985年版)

解读："劳力上劳心"揭示了学习过程中思想和行动的辩证关系，没有思想指导的行动和没有行动转化的思想都是片面的。由此可见，他的"劳力上劳心"的实践教育思想实质上体现了"知行合一"的教育思想。

集体就是组织，组织就是工作、学习、生活的一种形态，也是一种工具，就像载着我们向前走的列车。制裁必

须有一个公约,而"公约"就是维持和推进这一组织,使它在有目的有秩序的状态中向前进行的轨道。所谓制裁就是用集体的力量来具体运用公约,来驾驭这部列车,使它不至走出轨外,发生危险。

——摘自《戴伯韬教育文选》(1985年版)

解读:"公约"是在民主基础上形成和确立的集体工作、学习、生活的制度。他主张的"制裁必须有一个公约",其实质就是在强调制度管理;他主张的"用集体的力量来具体运用公约",其实质就是在强调民主管理。把制度管理和民主管理两者有机结合起来,就能够维护好整个集体和组织的利益,从而维护好大多数人的利益。

在新情况、新阶段的准备时期,我们的学校教育也好,社会教育也好,都要来一个转变,这个改变不是改变学校的教学原则和教学方针,而是要改变整个教育的性质和任务来适应国家政治经济发展的远大计划。决定国家的命运,教育必须紧紧跟上,使文化科学技术进一步上升到更高的阶段,保证社会主义经济建设的必需。

——摘自《戴伯韬教育文选》(1985年版)

解读:这是戴伯韬先生1979年在《论社会主义教育目的》一文中的话,是在改革开放伊始,提出实现四个现代化的情况下提出的。戴伯韬先生提出的"转变",是站在国家发展的高度来看待教育,是遵循了教育要适应社会经济发展的原则,是一种与时俱进的思想。

因为时事变动太快,不教育自己,不足以教育他人。

——摘自《戴伯韬教育文选》(1985年版)

解读:这是戴伯韬先生早在1937的《立即成立小学教师假期服务团》一文中的话语。这里的教师假期服务团,是一种救国团体,是让小学教师也承担起民族救亡重任。其实,我们教师不管在什么年代,都有形无形地承担着国家建设、民族兴亡的重任。这首先要从教师的自我教育入手,从当前的教师培训来看,教师要树立终身教育的观念,与时俱进,不断学习,更新观念。

过去读教科书,背公式的科学教育,已给了我们不少教训;今后要提高科学,非到实验室及和国防有关的工厂里去实地研究不可。

——摘自《戴伯韬教育文选》(1985年版)

解读:这是戴伯韬先生1938年在《对学校实施抗战教育的几个具体意见》一文中提到的。他认为,教学不能靠机械灌输、死记硬背,要讲究科学方法,重视实验、考察等实践性教学。这对我们当前的素质教育也是有启发的:教育不能只重知识、重分数,要重实践、重能力。

第一,一切教育都以"从生活出发"为最高原则。第二,在工作上实施教育。第三,教民众自己办。

——摘自《戴伯韬教育文选》(1985年版)

解读:这是戴伯韬先生1938年在《目前社会教育的中心任务及其他》一文中提出的完成任务的三种方法。

他指出教育的最高原则是"从生活出发",这也是"生活教育"在抗战时期的具体化。

新兴儿童教育有四大特点:一、学校和社会统一;二、教育和生活统一;三、学习和实践统一;四、学生和先生统一。

——摘自《戴伯韬教育文选》(1985年版)

解读:这是戴伯韬先生1938年发表在《战时教育》3卷第4期上的一篇文章的最后总结,提出了抗战时期的儿童教育是与时代相适应的新兴儿童教育,具有四个"统一"的特点。

"唯独贯彻在劳力上劳心的教育,才能造就在劳力上劳心的人类;也唯独在劳力上劳心的人类,才能征服自然势力,创造大同社会。"可见得把知识和劳动统一起来的教育观,是一个非常革命的教育观。

——摘自《戴伯韬教育文选》(1985年版)

解读:这是1940年戴伯韬先生在《生活教育发展史纲——为纪念生活教育运动十三周年而作》一文中对陶行知有关生活教育一段话的解读。戴伯韬是陶行知先生的首批十三位弟子之一,是陶行知生活教育的践行者。"劳力上劳心",就是要把知识和劳动统一起来,是理论与实践统一的形象化表述。

我坚决反对这种当众宣布罪状的办法。这种办法,只有在对方几乎绝望之后,不得已才偶尔使用。假如要和大家来讨论或提出批评,也应当在和蔼的空气中,本着热情帮助的精神,找出错误根源,分清各种情况,提出改正意见。

——摘自《戴伯韬教育文选》(1985年版)

解读: 这是1940年戴伯韬在《教育上的集体制裁论》上的论述。制裁,即教育的惩戒。教育可以惩戒,但不可以体罚,一定要尊重学生的人格,尽量采用春风化雨式的教育方式。

从整个教育方针来说,我们要求从德、智、体几个方面生动活泼地、主动地得到发展,成为有社会主义觉悟的有文化的劳动者,而不是书呆子或高出工农之上的知识分子。如果把这几个方面孤立开来,只谈智育或其它一育,都是错误的。

——摘自《戴伯韬教育文选》(1985年版)

解读: 这摘自戴伯韬的《教育者的首要任务是什么?》一文,本文发表在《人民教育》1964年6月上。这是20世纪60年代对学生德智体全面发展的培养目标的表述,要培养全面发展的劳动者,而不是书呆子。这与当前素质教育的全面性目标是一致的。

科学技术的现代化是实现四个现代化的关键,而科技人才的培养,教育是基础。

——摘自《戴伯韬教育文选》(1985年版)

解读： 这是新中国成立初期戴伯韬在《怎样研究和贯彻新教育政策》一文中的论述。新中国的教育要遵循辩证唯物论的科学，遵循马列主义和毛泽东思想的科学，这是高屋建瓴式的教育方针、政策。可见，戴伯韬先生是新中国教育方针、政策的具体制定者和落实者。

我们所需要的教育，必须服从社会主义政治经济需要，是政治经济决定教育，而不是反过来教育决定政治经济。这是一个共同规律，教育也不例外。离开这个共同规律，离开教育儿童的特殊规律，我们就要误入歧途。

——摘自《戴伯韬教育文选》（1985年版）

学校和社会不一样，学校要经常给学生打预防针，以防社会上的病菌污染他们年轻的心灵。

——摘自《戴伯韬教育文选》（1985年版）

在实践中学习，使理论与实践一致。

——摘自《戴伯韬教育文选》（1985年版）

在形式上，我们的文化教育，带有我国的民族特性和民族形式，要适合国情，既反对买办性的文化思想，主张民族尊严，也反对教条主义的抄袭。

——摘自《戴伯韬教育文选》（1985年版）

我们来办教育,究竟是要培养成什么样的人材呢?就是要培养为人民服务的,有文化科学知识,能建设新社会,新国家的青年一代。

——摘自《戴伯韬教育文选》(1985年版)

　　我们和他们的根本区别在于培养全体劳动人民,有社会主义觉悟和共产主义道德品质的德、智、体全面发展的人,使他们按照社会主义社会有组织有计划地组织生产,发展生产,为全体人民谋利益,以满足全体人民日益增长的物质和文化生活需要,并且引导人民向共产主义过渡,这就是我们需要的教育。

——摘自《戴伯韬教育文选》(1985年版)

　　由此,我们便不难进一步理解所谓科学的,反对封建迷信,武断独裁,及一切腐朽的唯心观点,主张实事求是,客观真理,理论与实际一致的科学思想,指的是辩证唯物论的科学,也就是马列主义的科学和马列主义中国化的毛泽东思想科学。

——摘自《戴伯韬教育文选》(1985年版)

　　我们的教育目的,正是要在我国社会条件下,用有计划的教育去培养和发展儿童社会主义的个性特点,这个个性是既包括共性也包括个人特性在内的。

——摘自《戴伯韬教育文选》(1985年版)

我们今天办社会主义教育的目的，就是要提高全体人民的政治觉悟和文化科学技术，就是要促进生产力的发展，就是要提高劳动生产率，提高我国人民的生活水平，脱掉贫穷落后的帽子，使国家富强起来。

——摘自《戴伯韬教育文选》（1985年版）

劳动教育要把知识和技术打成一片。它包括三部分：即劳动、社会、自然，所以它是一种综合性的教育。

——摘自《戴伯韬科技教育文集》（1988年版）

劳动教育之所以成为教育，是因为它含有重要的教育因素的缘故。第一，要给予学生劳动活动的理论和实际技能；第二，要明白指示学生，这种劳动在国民经济各部门内的性质和相互的关系；第三，要使他们理解劳动发展的前途。

——摘自《戴伯韬科技教育文集》（1988年版）

"教学做合一"是一件事的三面，而且以做为中心。

——摘自《戴伯韬科技教育文集》（1988年版）

科学的种子一定要散播在每一个小阿囡身上，科学的民族才会创造出来。

——摘自《戴伯韬科技教育文集》（1988年版）

解读：以上几条都是摘自1988年出版的《戴伯韬科技教育文集》一书，集中体现了戴伯韬先生的"科学教育"和"实践教育"思想。科学来自于实践,劳动是实践教育的具体方式,要在劳动中体现"教学做合一"的原则,而且要突出做(劳动实践)这一中心。

(二)课程观

在抗战时期,应该上抗战的课,读抗战的书。学校里的全部课程,都要为抗战而设,都要适合战时生活的需要。

——摘自《戴伯韬教育文选》(1985年版)

解读:日本发动全面的侵华战争使民族矛盾成为当时我国社会的主要矛盾。在民族危亡的紧急关头,学校教育的主要任务就是服务抗战的需要。在日本军国主义铁蹄的蹂躏下,国无宁日,校无宁日,学校教育的实施就应当因时制宜,因地制宜。因此,他的教育主张始终本着适应现实社会需要。

在课程方面,我们要特别注意在抗战期内儿童生活上的需要和建立新国家的新精神。

——摘自《戴伯韬教育文选》(1985年版)

解读:抗战时期,实施的课程,一要注重抗战大背景的需要,二要考虑儿童本身的需要,三要面向建设新国家的需要。戴伯韬先生的课程观既立足现实,也面向未来。

改造传统的课程教材是教育改革上最重要的问题,也是基本的问题。

——摘自《戴伯韬教育文选》(1985年版)

解读：语录摘自戴伯韬1947年的《华中教育一般概括报告》中第三部分对中学教科书编辑审查的论述。戴伯韬是编教材的专家,他始终认为教材是教育改革的最重要的基本问题,教材的建设不是推倒重来,而是在原有基础上的改造。

教科书如果不贯彻社会主义思想,那就失掉了灵魂。教科书好比是引渡学生走向社会主义的船只,如果没有思想,那就像是一只航行海洋而没有指南针的船,永远达不到目的地。

——摘自《戴伯韬教育文选》(1985年版)

解读：这是戴伯韬1954年9月在讨论"关于中小学教育的性质和目的"及检查课本的总结大会上的报告中的论述。其间,戴伯韬主持人教社教材编辑工作,他认为贯彻社会主义思想是教科书的灵魂,并形象地把教科书比作引渡学生走向社会主义的船只,也体现了课程教材的政治属性。

在编制课程时,既要重视各科的系统性和连贯性,又要联系儿童生理、心理的发展,重视儿童的兴趣,重视指导学习方法,重视发展自学能力和思维能力。同时注意照顾到各门学科之间的相互联系和前后配合。

——摘自《戴伯韬教育文选》(1985年版)

解读：这是戴伯韬先生1980年在《论研究学校课程的重要性》中的论述。在改革开放初期,他肩负起教材重建工程,强调要把握教材的系统性,要突出教材的儿童观。

学校课程不仅把各科教学内容和进程变成整个便于教学的体系,而且是培养什么样人的一个蓝图。

——摘自《戴伯韬教育文选》(1985年版)

科学技术是生产力,生产力与生产关系相互矛盾,推动着社会向前发展,也推动着教育内容不断革新。

——摘自《戴伯韬教育文选》(1985年版)

各科基本知识要有一个科学性和系统性的结构,这个结构要由浅到深。要把一些基本的原理原则从低年级到高年级,根据学生的心理发展适当安排,循序渐进,逐步深入学习。

——摘自《戴伯韬教育文选》(1985年版)

课程是一定时期一个国家生产发展水平的反映,也是一定时期一个国家的人民生活、生产发展的方向、科学发展内容的要求,研究它对现在的课程改革有重要意义。

——摘自《戴伯韬教育文选》(1985年版)

这时期的生活教育像一粒种子似的静静地躺在泥土里面,以吸收外来的阳光、空气、养料,充实自己,壮大自己,一面又从泥土里生长起来了。

——摘自《戴伯韬教育文选》(1985年版)

把抽象的道理跟具体的事物和实践联系起来,尽可能运用演示、试验、实习、练习、参观、图表、语言描绘等直观的方法,从具体事物引出抽象的概念和引进新的理论知识,对编辑低年级教材和对低年级学生进行教学尤为重要。

——摘自《戴伯韬教育文选》(1985年版)

(三) 教学观

一般说来,概念是从许多具体事物中,经过分析研究抽象出来的。在对中小学生讲解概念的时候必须从具体事物开始。

——摘自《戴伯韬教育文选》(1985年版)

解读:这告诉我们,在概念教学的方法上,要遵循学生从形象思维向抽象思维发展的规律,要从具体形象事物入手,将概念教学形象化,不能就概念讲概念。

教学过程和人们认识世界的过程基本上是一致的,中小学生的学习也是由感知具体事物开始,由感性认识逐步深化达到理性认识的。

——摘自《戴伯韬教育文选》(1985年版)

解读:教学要遵循儿童身心发展规律和认识事物的规律,只有遵循了学生学习的规律,才是具有生命活力的教学。

学生一时懂了,会了,过后又忘了。怎么办?一是要把科学知识系统化,教学时抓住要点、重点,像拎一串珠子一样,抓住绳,一拎一大串……二是要经常复习,温故知新。

——摘自《戴伯韬教育文选》(1985年版)

解读:这是戴伯韬先生1979年的元旦寄语《扎扎实实迈新步》中的论述,形象生动的话语指向教师教学的具体方法,指出教师教学不但要讲究方法,还要强化复习巩固。

倘若我们在教学法上,不要循序渐进,抛弃可接受性原则,就不是实事求是,就犯主观主义错误,就违反教学规律,就要受到事实的惩罚,就误人子弟。

——摘自《戴伯韬教育文选》(1985年版)

解读:这是1979年戴伯韬在《顺序前进和可接受性原则能废除么?》一文中的总结话语,指出了教学要遵循循序渐进和可接受性原则,这是教学的规律。

有了文化知识基础、理论基础和技能基础这三个基础,我们就可以通过自学和其他学习方式,不断掌握新的科学技术,我们的教育准备论也是从这个意义上讲的。

——摘自《戴伯韬教育文选》(1985年版)

科学是从实验中发展起来的,没有对自然界的观察和实验,就没有科学,就不能发展科学。因此,学习、实验、思考、判断,再学习、再实验、再思考、再判断,如此循序渐进,才是学生学习自然科学的应有过程。在这里培养学生做实验的操作技能是极关重要的。

——《戴伯韬教育文选》(1985年版)

要教得好,首先要使学生在对自然、社会的实验观察、实践中去产生、发展他们的思想、智慧和才能;要指导学生学习的方法和引导学生主动地、自由地、积极地学习。

——摘自《戴伯韬教育文选》(1985年版)

中小学生,特别是小学生,感性知识还不丰富,眼界还不开阔,抽象思维的能力还比较差,这是客观事实。因此向他们进行教学必须从具象的事物和现象出发,才能使他们获得完整的知识。

——摘自《戴伯韬教育文选》(1985年版)

讲授基本知识和联系实际,二者不可偏废,任何理论与实际割裂的教学方法都是错误的。

——摘自《戴伯韬教育文选》(1985年版)

不可以把学生的接受能力估计得过低,认为学生这也不能接受那也不能接受,估计过低导致教学上的少慢差费。但也不可以把学生的接受能力估计得过高,更不可以不顾学生的接受能力,一味提高教学要求。

——摘自《戴伯韬教育文选》(1985年版)

改进教学方法,还要注意把集体教学和个别指导结合好。学生学习上的差异性是客观存在的,教师有个别指导的必要。有的要给以鼓励,增强信心;有的要帮助他弄清楚关键性的基本知识;有的应指出要反复复习的地方。

——摘自《戴伯韬教育文选》(1985年版)

教授、提问、问答、复述、练习是共同活动的方法,但更重要的是把书本上的死知识变成活知识。

——摘自《戴伯韬教育文选》(1985年版)

坚决反对不问对象死教书,坚决反对压制学生创造性地自动自觉地积极学习,反对教条主义。我们总的教学原则是理论联系实际,是要根据青少年和儿童身心发展情况去教学,要培养独立自学的能力……不问对象的教是无的放矢,不问效果的教是无效劳动……实践证明喂学生、抱着学生学走路,都是主观主义,没有出路的方法。

——摘自《戴伯韬教育文选》(1985年版)

因为系统教学,学生才能把前后学得的知识系统化、条理化,积极展开思维活动,如果缺了一段课,学得不好,衔接不上,连贯的、逻辑思维的能力就受了损害。

——摘自《戴伯韬教育文选》(1985年版)

任何学问和知识,都不能一次学完,要分步骤、分阶段讲,这才符合知识规律和教学规律。

——摘自《戴伯韬教育文选》(1985年版)

实验是科学之父。有了实验,才能攀登科学高峰,才能打开自然界的奥秘,才能把人的聪明才智发挥起来,科学才能向前发展。

——摘自《戴伯韬科技教育文集》(1988年版)

动手又动脑,思想就开窍。科学不神秘,实验见分晓。你若不明白,动手试试瞧。伟大科学家,来自手和脑。

——摘自《戴伯韬科技教育文集》(1988年版)

把戏(游戏)是打开自然之谜的一柄钥匙。

——摘自《戴伯韬科技教育文集》(1988年版)

解读:以上几条都摘自《戴伯韬科技教育文集》。科学教育是戴伯韬教育思想的主要组成部分,他遵循陶行知先生的"教学做合一"原则,特别强调实验、动手、游戏等直观教学方法,把抽象的科学教育具体化。

(四)教师观

要使儿童自动自觉,首先是实现民主,放手发动学生讲话,让学生动手自己做,让他们事事用脑子去想,教师不代替包办,不专制独裁,不要以为小孩子无能。教师和学生之间的关系,是建筑在真理上的,教师教真理,学生学真理,在这个关系上,教师爱学生,学生尊敬教师。

——摘自《戴伯韬教育文选》(1985年版)

解读：戴伯韬先生的儿童教育民主观包含两层含义，一方面，既要解放儿童，放手让儿童去讲，让儿童去做，让儿童去想；另一方面，又不能无原则放任，要坚持"教真理、学真理"这一前提。

教师要用通俗的语言向学生讲述知识内容，讲授时，教师要帮助学生把新知识和学生已有的知识联系起来，以便他们较为容易地掌握新知识。如果需要实验的话，教师要帮助学生实验。其次，学生有错处，教师要帮助他们纠正。再次，教师要严格地要求学生，要经常督促他们认真学习……我们应有孔子的"学而不厌，诲人不倦"的精神，教好学生。

——摘自《戴伯韬教育文选》(1985年版)

解读：对孔子"诲人不倦"的精神，戴伯韬提出教师教好学生要做到三点：一是应该用实验的方式和通俗的语言教会学生；二是对出错的学生要耐心帮扶；三是要严格要求学生。

教师只有深刻地了解学生，才能因材施教的去教好学生，做到克服他们的缺点，发扬他们的长处。

——摘自《戴伯韬教育文选》(1985年版)

解读：这是戴伯韬1956年在《全面发展的教育目的是否有缺点》一文中的论述，他强调教师了解学生的重要性，

五、戴伯韬语录

只有充分了解学生,才能因材施教。在具体的课堂教学中,教师只有充分把握学情,才能做到以学生为中心。

我们提倡教师要热爱儿童,更深入地了解儿童。但是不能用所谓"母爱""泛泛的爱"来爱孩子和教育孩子。

——摘自《戴伯韬教育文选》(1985年版)

解读:戴伯韬先生强调母爱教育不能是"泛泛的爱",而是要深入地了解儿童。这对我们教师热爱教育、热爱儿童有着指导意义。

教育者要一心扑在学生身上,做学生的贴心朋友。学生有什么事、什么问题,都能向教师诉说和求教。师生打成一片,工作才能做到家。你要改革他,首先你要到他那里去,引导他前进,这就是辩证法。

——摘自《戴伯韬教育文选》(1985年版)

解读:这是戴伯韬先生1980年在《要抓好学生的思想政治教育》中的论述。他旗帜鲜明地指出,教师亲近学生,和学生做朋友,才可以有效地教育、引导学生成长。

教授者要从动手做的过程中将学习者引导到近代的新奇发明上去,引导到科学原理上去,引导到日常生活和环境的改造上去。

——摘自《戴伯韬教育文选》(1985年版)

我们正在进行着惊天动地的伟大事业,我们在改造世界，同时也在改造着人。

——摘自《戴伯韬教育文选》(1985年版)

我们应该了解思想观点或意识形态的改造，是需要经过一个较长时期的学习与锻炼的，而且必须通过不断的学习，逐步提高自己的理论水平，在自觉的基础上进行过一段内心的思想斗争的，这是一种自我觉醒的过程。

——摘自《戴伯韬教育文选》(1985年版)

每个学生只要教师引导得法，都会或深或浅地产生某种爱好。

——摘自《戴伯韬教育文选》(1985年版)

我们当教师的要观察学生，发现才能，精心培养他们，教导他们学习、研究学问的方法，帮助他们不断前进。

——摘自《戴伯韬教育文选》(1985年版)

我们做教育工作的人，应该坚持教育方针，培养每一个学生都有崇高的政治理想，决不能让他们做庸碌的人。

——摘自《戴伯韬教育文选》(1985年版)

遇有犯错误的学生要尽量善意地与人为善地进行说服教育，指出改正方法，不能感情用事。打骂和恐吓，必须废除，因为儿童犯错误往往是由于不知道，如果改了，哪怕一点

也要鼓励。

——摘自《戴伯韬科技教育文集》(1988年版)

一定数量的讲课、作业是必要的,但并不是无限制地增加数量,多多并不益善,反而走向反面,引起学生负担过重,影响教育质量。

——摘自《戴伯韬教育文选》(1985年版)

要坚持从实际出发、实事求是的原则,对儿童可以用直观教学,形象教学,讲故事,学习英雄模范人物,做好事等方法,使儿童提高分辨美、丑、善、恶、是、非的能力,引导他们热爱伟大的社会主义祖国。

——摘自《戴伯韬教育文选》(1985年版)

(五)学生观

每一个儿童生下来就是一位科学家,许多天才的科学家,在他幼年的时代,已经被他的父母师长枪毙掉了,这正是人间的悲剧。

——摘自《戴伯韬教育文选》(1985年版)

解读: 在戴伯韬的学生观中,儿童是天生的科学家,每个孩子都有各自的天赋。教师要善于发现孩子的天赋,因材施教。

学生说:"兴趣小组无兴趣,自由活动不自由。"很多教育行政工作者和教师只单纯按照国家规定的要求去要求学生,而没有认真去深入了解学生,把国家的要求和学生的实际结合起来,根据学生不同的特征出发去教育学生。

——摘自《戴伯韬教育文选》(1985 年版)

解读:这是戴伯韬在 1956 年任教育部党组成员,兼任中央教科所所长时,在《全面发展的教育目的是否有缺点》一文提出的。他指出不能机械地认识学生的全面发展,要把全面发展和因材施教结合起来,十分重视学生的兴趣。

生理机能和智力发展有差异,这叫做差异性。这种差异性是客观存在的,谁也否认不了。但承认差异性,予以培养,并不是承认不学而能、生而知之的所谓"天才"或"神童",这种人在世界上是不存在的。

——摘自《戴伯韬教育文选》(1985 年版)

解读:这是戴伯韬先生 1978 年在《均等和冒尖》一文中的论述,体现了他的学生观,既强调均衡的共性发展,也认同差异性的个性发展,但反对"天才"观、"神童"观。

学生个性、才能发展的出头处应该是自由的,学校应该给以机会和因材施教。

——摘自《戴伯韬教育文选》(1985 年版)

没有学生的学,教师的教会劳而无功;没有学生主动积

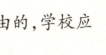

极的学习就不会有质的飞跃。知与不知的矛盾转化的主要一面是学生的学,教师的教只不过是一个必要的条件。

——摘自《戴伯韬教育文选》(1985年版)

我们要从旧思想旧脑筋中解放出来,认识儿童和青年能管理自己和教育自己。相信他们,解放他们的手、脑和嘴。

——摘自《戴伯韬教育文选》(1985年版)

对儿童进行教育,不能抽象地谈理论,应充分发挥形象化的教育方法,如看电影、幻灯、参观、展览、旅行、演讲、讲故事等。同时,从他们的实际生活,从他们的家庭、父母、老师、同学和学校谈起,加强他们的感性认识,逐渐提高到理性认识,以发展他们的智慧。

——摘自《戴伯韬教育文选》(1985年版)

对儿童品德培养,也要以爱国主义的精神,注意守纪律,讲礼貌,爱护公物,把学习秩序更巩固起来,从小就养成他们的组织性与纪律性,从而养成集体意识。

——摘自《戴伯韬教育文选》(1985年版)

我们说,中小学学生学习基本知识的学习过程,也是认识世界的过程,必须从具体事物和现象出发,把理论和实际联系起来。

——摘自《戴伯韬教育文选》(1985年版)

中小学生获得知识大多都是从感知事物和现象开始的。

——摘自《戴伯韬教育文选》(1985年版)

中学生至少要能背诵二、三百篇古今的优美文章,才能积累丰富的词汇、句法、篇章结构方面的知识,在读写的时候就能左右逢源,得心应手。正如杜甫所说:"读书破万卷,下笔如有神。"青少年时期记忆力强,大好时光不可错过,必须在这方面加强训练。

——摘自《戴伯韬教育文选》(1985年版)

学生进行实验或课外科技活动,不但容易理解概念,牢固地记住概念,而且对启发学生思考问题、培养学生推理判断、解决问题的能力也是极端重要的。

——摘自《戴伯韬科技教育文集》(1988年版)

我们指导儿童研究科学,一定要着重科学的趣味。要使得他们来研究科学,就犹如拍皮球唱歌一样有趣,一样高兴才行。

——摘自《戴伯韬科技教育文集》(1988年版)

解读:以上两条是戴伯韬先生"科学教育"思想中儿童观的体现,他始终强调实验和兴趣在提高学生科学素养中的重要性。

五、戴伯韬语录

参 考 文 献

1. 朱维铮.马相伯集[M].上海:复旦大学出版社,1996.
2. 李天纲.马相伯卷[M].北京:中国人民大学出版社,2014.
3. 舒新城.中国近代教育史资料[M].北京:人民教育出版社,1961.
4. 宗有恒.马相伯与复旦大学[M].太原:山西教育出版社,1996.
5. 复旦大学校史编写组.复旦大学志[M].上海:复旦大学出版社,1985.
6. 吕凤子学术研究会.吕凤子研究文集第一辑[M].吕凤子学术研究会,2000.
7. 吕凤子学术研究会.吕凤子研究文集第二辑[M].吕凤子学术研究会,2005.
8. 吕凤子学术研究会.吕凤子研究文集第三辑[M].吕凤子学术研究会,2006.
9. 吕凤子学术研究会.吕凤子研究文集第四辑[M].吕凤子学术研究会,2009.
10. 吕去病.吕凤子画鉴[M].南京:江苏人民出版社,1996.
11. 朱亮.吕凤子传[M].南京:南京出版社,1992.

12. 吕叔湘.吕叔湘全集第一～十九卷[M].沈阳:辽宁教育出版社,2002年12月1日.

13. 匡亚明.求索集[M].北京:人民出版社,1995.

14. 南京大学高等教育研究所.匡亚明教育文选[M].南京:南京大学出版社,1998.

15. 南京大学高等教育研究所.匡亚明教育文选[M].南京:南京大学出版社,2000.

16. 《匡亚明纪念文集》编委会.匡亚明纪念文集[M].南京:南京大学出版社,1997.

17. 马相伯教育奖励促进会.与太阳对话[M].苏州:苏州大学出版社,2011.

18. 佟有才.匡亚明教育思想与实践研究[M].吉林:吉林大学,2007.

19. 上海科技教育出版社.戴伯韬科技教育文集[M].上海:上海科技教育出版社,1988.

20. 戴伯韬教育文选编选组.戴伯韬教育文选[M].北京:人民教育出版社,1985.

立志直与青云齐(后记)

三本书,即将付梓,墨香浓浓。沉浸其中,感慨万千,往事历历在目。

人类文明,薪火相传。大师辈出,星光璀璨。丹阳籍教育家马相伯、吕凤子、吕叔湘、匡亚明、戴伯韬在中国近现代兴学、办学史上创造了辉煌业绩,留下了不朽的佳话,为后人所敬仰,所感怀。马相伯,毁家办学,创建复旦,教育救国,百年呐喊,被誉为"国家之光、人类之瑞";吕凤子,三办"正则",绘画、教书,创造了"永远的正则,永远的美";吕叔湘,求真能贱,龙虫并雕,是我国著名的语言大师;匡亚明,无私无畏,被誉为"大学旗帜""孔学泰斗",成就了一个大写的"人";戴伯韬,毕生实践"生活教育",倾力构建本土的教育理论,可谓"科学的教育,教育的科学"。他们属于丹阳,属于中国;他们成就历史,指引现在,也启迪未来。

最好的继承是发展。《为人类之灵光》《直与青云齐》《开示门径》这三本书,分别记载了丹阳五位教育大师的经典语录、成长故事以及大师故乡的教育后生受大师精神指引做出的努力。它们又是一个整体,表达了丹阳教育人理解大师、追随大师,直与青云齐的鸿鹄之志。

当然,这也是江苏省教育科学"十二五"规划重点资助课题《丹阳教育家教育思想实践与发展研究》的成果之一。课题组成立以来,一批热情致力于五大教育家教育思想研究、实践的丹阳人组成了一个核心小组,他们是李霖、陈留庚、戎年中、笪红梅、董洪宝、张东明、唐志辉;一批热情致力于用教育家的思想和精神引领学校发展的学校自愿组成了一个联盟,它们是马相伯学校、正则小学、正则幼儿园、吕叔湘中学、匡亚明小学、实验学校等25个单位。我们在行动中研究,在研究中行动。丹阳教育家思想的种子,在丹阳教育这块沃土上生根、发芽、茁壮成长。

读大师的书,听大师的教诲,走进教育家的精神世界,我们感悟他们的无私、睿智与豪情以及来自思想深处的力量与自觉;追寻大师足迹,实地考察、寻访,我们回味教育家当年兴学、办学的艰辛与卓越;汇聚五大教育家的梦想,我们编写《与太阳的对话》;研究教育家的教育思想,我们领略他们引领时代教育发展的正能量;结合丹阳教育的实际,我们用本土教育家的精神和思想引领教师专业发展,启迪学子健康成长。一批以教育家名字及其思想命名的学校应运而生,迅速发展,个性纷呈;一批沐浴着教育家情怀的教师,在向上,在奔跑;一批心怀教育家理想的未来教育家,在成长,在孕育。五大教育家的梦想在延续,思想在传承,情怀在滋养,力量在支撑,丹阳教育在蓬勃发展。

丹阳市教育局始终关心、支持本土教育家研究工作。2015年初,教育局研究决定编写一套教育家研究丛书,韦立忠局长亲自勉励我们课题组学习教育家言论,讲述教育家故事,发展教育家思想,让更多的人分享研究教育家的成果。

课题组认真领会编书意图,明确编写目标,制订编书工作方案。我们坚持一条原则:尊重历史,突出个性。梳理精选教育家语录,突出教育家思想;逼真再现教育家故事,体现可读性与教育性;精心汇集研究个案,凸显鉴赏性。我们通过图书馆、网络等平台获得了大量的文献资料;我们走进高校和出版社,搜寻教育家相关文献图像;我们访谈教育家的后人,从他们的回忆和追思中搜集珍贵的素材。

从顶层设计到编写指导,从征稿到筛选,几易其稿,总课题核心组成员付出了大量劳动。我们的研究伙伴们,一路风雨兼程,互相勉励,共同分享,一同成长,为创造丹阳教育的别样风景,砥砺奋进。

为了保质保量,按时完成书稿,五大基地学校付出了大量的时间、精力和智慧。为此,我们特别感谢马相伯学校的徐林鹏,正则小学的张晖萍,吕叔湘中学的王金斌、吕明春,匡亚明小学的孙志杰,实验学校的殷梅凤、马良生等老师。对广大的作者、编者,以及胡伯衡、郦荣昌、荆国琴、袁玉珍、江胜兵等老师参与丛书修改、校对付出的努力,在此一并表

示深深谢意。

为了让书多一份真切,少一点虚无,我们征得了五位大师后人的支持。在此,我们特别感谢马相伯的玄孙马天若先生,吕凤子的嫡孙吕存先生,吕叔湘的长女吕霞女士,匡亚明的长子匡力先生及儿媳马仁馨女士,戴伯韬的儿子戴晓林先生及孙女戴毅女士。他们倾情援助,不仅为我们编写组提供了珍贵的文献、图片资料,还帮我们审阅书稿,提出了修改、增删的建议和意见。他们将先贤的遗风和高贵的气质一同倾注在书稿的字里行间,让人难以忘怀。

为了让书能够接受历史的检验,我们得到了广泛的智力支持和精神鼓励。在此,我们特别感谢复旦大学李天纲教授,人民教育出版社韦志榕总编,南京大学匡亚明学院,吉林大学高鸿燕教授,江苏省教育科学研究院的成尚荣、孙孔懿两位专家教授。他们或亲临现场或电话联系指导论证,给予我们极大的支持。是他们的鼎力相助,给了我们坚持的信心、勇气和力量。

丛书的编写,是马相伯教育奖励促进会的又一件大事。感谢丹阳市市委常委开发区工委书记赵立群先生的热情鼓励和支持。丹阳教育家研究总顾问、国家督学、原江苏省教科所所长成尚荣先生和丹阳教育局党委书记、局长韦立忠先生对本套丛书的编写给予了殷切的关心、指导并欣然作序,对此我们深表谢意。

在丛书的编写过程中,我们参阅了大量的文献资料。出于对著作权法的遵守,以及对作者劳动的尊重,我们尽量标明了引用文献的出处以及文献的原作者,对他们的劳动惠及本书,我们心存感激,特别感谢。由于历史久远或工作疏漏没有准确标注的引用文章作者,希望他们能及时与我们取得联系,我们将由衷地感谢。

本套丛书的出版,得到了苏州大学出版社苏秦编辑的大力支持,特别感谢其为丛书付出的劳动,她严谨细致的工作作风、热情坦荡的处事风范令人钦佩,对此,我们心存感激,深表谢意。

阅读是一种交流,更是一种传递。我们希望通过丛书来传递丹阳五大教育家的情怀与精神,传递教育家兴学办学的智慧、勇气和信念。希望把这种正能量传递给更多的人,就像把阳光播撒到人们的心田一样,让人的灵魂从此光明、高洁。

"居身不使白玉玷,立志直与青云齐"是大师马相伯的语录。直与青云齐是大师成长的写照,是大师为我们开启的门径,更是丹阳教育蓬勃发展不断超越的期望。

由于时间仓促,人力有限,水平有限,书中难免有疏漏和不足之处,敬请广大读者不吝赐教,以备再版时更正。

编　者
2016 年 3 月 26 日
于丹阳宁静书斋